Piers Compton

LA CROCE SPEZZATA
La mano nascosta nel Vaticano

Piers Compton

Piers Compton (1901-1986) è stato un sacerdote cattolico, giornalista e autore. Ha lavorato come redattore letterario per *The Universe* e ha scritto diversi libri, tra cui *Broken Cross*, che criticava i cambiamenti avvenuti nella Chiesa cattolica dopo il Concilio Vaticano II.

La croce spezzata - La mano nascosta in Vaticano

The Broken Cross — The Hidden Hand in the Vatican

Pubblicato per la prima volta in Gran Bretagna nel 1983

Tradotto e pubblicato da
Omnia Veritas Limited

ØMNIA VERITAS®

www.omnia-veritas.com

© Omnia Veritas Ltd - 2025

Tutti i diritti riservati. Nessuna parte di questa pubblicazione può essere riprodotta con qualsiasi mezzo senza previa autorizzazione dell'editore. Il codice della proprietà intellettuale vieta la copia o la riproduzione per uso collettivo. Qualsiasi rappresentazione o riproduzione, totale o parziale, con qualsiasi mezzo, senza il consenso dell'editore, dell'autore o dei loro successori, è illegale e costituisce una violazione punibile dagli articoli del Codice della proprietà intellettuale.

PARTE PRIMA	**11**
2.	13
3.	15
4.	17
5.	24
6.	27
7.	30
8.	37
9.	42
PARTE SECONDA	**45**
2.	47
3.	56
4.	59
5.	62
PARTE TERZA	**65**
2.	70
3.	73
4.	76
5.	78
6.	84
7.	89
8.	92
PARTE QUARTA	**95**
2.	101
3.	104
PARTE QUINTA	**109**
2.	114
PARTE SESTA	**123**
2.	126
3.	133
PARTE SETTIMA	**137**
2.	144
PARTE OTTAVA	**146**
2.	149
3.	157
4.	160
5.	162
NONA PARTE	**163**
2.	167
3.	173
PARTE DECIMA	**189**
2.	193
3.	196
4.	202
PARTE UNDICESIMA	**203**
PARTE DODICI	**209**

2	213
PARTE TREDICESIMA	**214**
2	217
3	220
4	229
PARTE QUATTORDICESIMA	**230**
2	238
3	241
Appendice	243
La strana morte di Roberto Calvi	*243*
Finale	247
Bibliografia	249
Altri titoli	253

Parte prima

Cosa rimane quando Roma muore?
Quando Roma cade, il mondo.
Virgilio. Byron.

Le sue affermazioni erano mostruose. Andavano oltre ogni comprensione umana. Infatti, essa sosteneva di essere l'unica voce divina e autorevole sulla terra; insegnava, giudicava e affermava, sempre con lo stesso tono autorevole, sicura che il suo messaggio sarebbe sopravvissuto ai fenomeni transitori del dubbio, del cambiamento e della contraddizione. Si ergeva sicura, un edificio di verità dietro le mura della verità che sfidava i numerosi e vari attacchi sferrati dai suoi nemici. Essa rivendicava infatti una forza che non era sua, una forza vitale e un vigore conferiti da un potere che non poteva essere trovato altrove; e poiché non poteva essere paragonata a nulla di terreno, provocava paura, smarrimento, scherno e persino odio.

Ma nel corso dei secoli non ha mai vacillato; non ha mai abbandonato una sola parte della sua stupenda eredità; non ha mai permesso che la più piccola crepa apparisse nel suo mantello di intolleranza tanto deriso. Ha ispirato devozione e ammirazione anche in coloro che disprezzavano la sua disciplina mentale. Si è elevata al di sopra delle congetture, delle probabilità, delle possibilità; poiché la Parola con cui era stata fondata era anche la sua garanzia di permanenza. Ha fornito l'unica risposta alla domanda immemorabile —: che cos'è la verità?

[1]Uno dei nostri saggisti raccontò, come molti dei nostri scolari sapevano, del suo posto nella storia; di come aveva visto l'inizio, e probabilmente avrebbe visto la fine, dei nostri sistemi mondani; e di come, in futuro, un arco spezzato del London Bridge avrebbe potuto fornire un punto d'appoggio da cui un viaggiatore avrebbe potuto "disegnare le rovine di St. Paul's".

Ma sarebbe rimasto comunque monumentale, unico, presentando come faceva i simboli della resistenza in questa vita e dell'ammissione a un'eternità oltre — una Roccia e una Chiave.

Era la Chiesa cattolica.

Ma ora, come anche i più irreligiosi hanno capito, tutto è cambiato. La Chiesa ha abbassato la guardia, ha rinunciato alle sue prerogative, ha abbandonato le sue fortificazioni; e lo scopo di queste pagine è quello di esaminare come e perché sia potuta avvenire questa trasformazione, finora considerata impossibile dai suoi sostenitori — e persino da alcuni dei suoi critici più ostili — .

---

[1] Lord Macaulay sulla *Storia politica dei papi* di von Ranke, nel 1840.

2.

Quanto segue è scritto, con intento preciso, dal punto di vista di un cattolico tradizionale e ancora praticante. I sentimenti espressi qui hanno lo scopo di sottolineare le eresie, le novità e le profanazioni che, in nome di una religione riformata o "aggiornata", hanno lasciato la Chiesa in rovina in tutto il mondo.

C'è la sensazione diffusa che la nostra civiltà sia in pericolo mortale. Si tratta di una consapevolezza recente, del tutto distinta dalle vecchie paure evangeliche che il mondo, in accordo con alcune profezie bibliche, stia volgendo al termine; paure che hanno perso gran parte della loro semplicità originaria e sono diventate più reali, da quando è emersa la minaccia della guerra nucleare. Ma la fine della nostra civiltà ha implicazioni più sinistre della distruzione effettiva di un pianeta, sia essa causata da un "atto di Dio" o da una frenesia di follia totale da parte dell'uomo.

La civiltà declina quando la ragione viene capovolta, quando il meschino e il basso, il brutto e il corrotto vengono fatti apparire come norme dell'espressione sociale e culturale; o, per avvicinarci ai termini della nostra argomentazione, quando il male, sotto una varietà di maschere, prende il posto del bene.

Noi di questa generazione, secondo la nostra età e il nostro temperamento, siamo diventati vittime volontarie, inconsapevoli o risentite di tale convulsione. Da qui l'aria di futilità che ci circonda, la sensazione che l'uomo abbia perso la fiducia in se stesso e nell'esistenza nel suo complesso.

È vero, naturalmente, che ogni epoca ha subito le battute d'arresto della guerra, della rivoluzione e delle catastrofi naturali. Ma mai prima d'ora l'uomo è stato lasciato senza guida né bussola, senza la sicurezza trasmessa dalla pressione di una mano in cui riponeva fiducia. In troppi casi è un essere separato, divorziato dalla realtà, senza il conforto di un'arte degna di questo nome o di un background tradizionale; e, cosa più fatale di tutte, come direbbero gli ortodossi, senza religione.

Ora, era parte integrante della visione cattolica che la Chiesa avesse creato la nostra civiltà, con i suoi standard etici e il grande corpus di rivelazioni su cui dipendono l'atteggiamento e il destino dell'uomo.

Ne consegue quindi che, una volta accettata questa proposizione, qualsiasi declino da parte della Chiesa deve riflettersi in un analogo declino della civiltà che essa ha promosso; e tale declino, come dimostrano le espressioni morali e culturali del nostro tempo, è visibile ovunque.

Così, la semplice menzione della religione suscita un rifiuto automatico da parte di uomini che non hanno mai riflettuto sull'insegnamento o sulla pratica della Chiesa, ma che ritengono che essa dovrebbe in qualche modo porre rimedio o controllare l'erosione diffusa. Provano disprezzo (e il disprezzo è un virus più mortale dello scetticismo) per l'incapacità della Chiesa di far fronte a condizioni che richiedono un'azione vitale; per la sua disponibilità ad assecondare la corrente non denunciando, o addirittura incoraggiando, la sovversione; per la sua predicazione di una versione annacquata dell'umanesimo in nome della carità cristiana; per il modo in cui, da nemici inflessibili del comunismo, i leader clericali ai più alti livelli hanno preso parte a quello che viene chiamato "dialogo" con coloro che cercano non solo la caduta della Chiesa, ma la rovina della società nel suo insieme; per il modo in cui ha rinunciato al suo credo, un tempo orgogliosamente definito, ammettendo che ci sono più dei in cielo e in terra di quanti ne avessero sognati nella filosofia del suo Fondatore.

Questo riassunto delle perplessità ci riporta alla domanda posta all'inizio della nostra indagine —: cosa ha causato i cambiamenti nella Chiesa?

3.

Qualsiasi rivoluzione, come quella francese e quella russa, deve scontrarsi frontalmente con due istituzioni: la monarchia e la Chiesa. La prima, per quanto profondamente radicata nella discendenza e nel rito sacramentale, può essere totalmente eliminata con un solo colpo. Ma la religione di un popolo, per quanto imperfetta possa essere diventata, non può essere soppressa così facilmente da alcuna forza esercitata dall'esterno.

La monarchia vive dell'accettazione, delle consuetudini e di un processo di riconoscimento che può essere interrotto dalla caduta di un coltello o dallo sparo di un fucile. Ma la religione, e in particolare quella cristiana, anche se può essere caduta in discredito e oggetto di scherno, ha finora conservato in sé i germi della resurrezione. Più volte è stata pronunciata una sentenza di morte contro di essa; più volte è sopravvissuta al suo carnefice. Che continuerà a farlo può essere dato per scontato, anche se sopravvivrà nella sua forma antica e incontrastata, con la sua statura, la sua voce infallibile e il suo sigillo di autorità, è un'altra questione.

Alcuni rifiuteranno questa ipotesi come impensabile. Altri, pur concordando sul fatto che la Chiesa abbia sancito un cambiamento di enfasi qua e là, lo vedranno come parte del piano divino; e solo pochi, poiché è diventata una caratteristica del nostro popolo rifiutare la semplice menzione di una cospirazione, vedranno in essa il risultato di un piano secolare e deliberato per distruggere la Chiesa dall'interno. Eppure ci sono più prove di ogni tipo dell'esistenza di una tale cospirazione che di alcuni fatti storici comunemente accettati.

A causa di quanto segue, è necessario ribadire che la mentalità media britannica non vede di buon occhio l'idea di un "complotto". La parola stessa evoca un'ambientazione teatrale, con uomini avvolti in mantelli che si riuniscono in una stanza buia per pianificare la distruzione dei loro nemici dell'. Tuttavia, gli intrighi segreti, nascosti per lo più alla mente degli accademici e dell'opinione pubblica, sono stati lo sfondo o la forza motrice di gran parte della storia mondiale.

Il mondo della politica è tormentato da cricche che lavorano l'una contro l'altra, come diventa evidente quando si prendono in considerazione le incongruenze che si riscontrano nelle versioni ufficiali della Congiura delle Polveri, dell'assassinio di Abraham Lincoln nel 1865, di quello dell'arciduca Francesco Ferdinando d'Austria a Sarajevo nel 1914, dell'annegamento di Kitchener nel 1916, l'uccisione del presidente Kennedy a nel 1963 e, ancora più vicino ai nostri giorni, la misteriosa fine di Papa Giovanni Paolo I, di cui si parlerà più avanti in questo volume.

4.

La Chiesa è sempre stata bersaglio di uomini antireligiosi che vedono nella sua esistenza una minaccia al loro progresso e ai loro disegni. E uso la parola "sempre" con cognizione di causa, poiché i complotti contro la Chiesa risalgono già all'anno 58 d.C., nelle parole pronunciate da San Paolo al popolo di Efeso (e Paolo, un fariseo esperto, quando si trattava di mettere in guardia contro la sovversione sapeva bene cosa diceva): "Dopo la mia partenza, tra voi entreranno lupi rapaci, che non risparmieranno le pecore; e dalla vostra stessa fila sorgeranno uomini che diranno cose perverse per trascinare i discepoli dietro a sé".

Il desiderio di dominare il mondo con la forza delle armi, della cultura o della religione è antico quanto la storia. Le prime testimonianze, senza considerare miti o leggende, ne danno prova. L'Egitto, che per primo dominò il pensiero e la visione del mondo orientale, non fu mai uno Stato puramente militare. Ma con "l'Assiria terribile" (che possiamo datare intorno al 910 a.C.) iniziò un'era bellicosa. All'ascesa di Babilonia, di breve durata, seguì quella della Persia, sotto Ciro il Grande. Poi venne un nome che non ha mai smesso di essere sinonimo di un vasto impero e del dominio del mondo conosciuto: Roma. Ma tutte queste potenze, oltre a preoccuparsi della conquista territoriale, miravano anche a imporre un credo politico o sociale, a rovesciare una credenza dominante e a elevarne un'altra, un processo che gli antichi associavano all'influenza degli dei.

La diffusione dell'eresia ariana, che divise la cristianità per tutto il IV secolo, diventa un punto di riferimento. Essa presentava tutti i sintomi della rivoluzione, dell'anarchia, del tradimento e dell'intrigo. Ma la causa sottostante non era politica. La sua molla principale era religiosa, persino teologica, poiché verteva su una frase coniata d e da Ario, il sacerdote alessandrino che diede il nome al movimento: "Ci deve essere stato un tempo in cui Cristo non era".

Quella denigrazione dell'essere e della natura divina di Cristo, se portata alle sue logiche conseguenze, avrebbe ridotto il mondo incentrato su Roma a uno stato negativo in cui l'Europa, così come la conosciamo, non avrebbe avuto futuro. Ma Roma sopravvisse, come luogo di venerazione per alcuni, come bersaglio per altri; e quello che oggi consideriamo il mondo medievale fu pieno delle ripercussioni di quella stessa lotta.

Con il consolidamento di Roma come potere papale, l'obiettivo divenne una realtà più definita, con uno scopo mai messo in discussione e sempre lo stesso, indipendentemente dall'interpretazione temporale o interna che gli veniva data.

Gli occhi di tutti, in Francia, Italia, Spagna, Inghilterra o Germania, erano puntati sulla Cattedra di Pietro, oggetto di contesa che si era rivelato più potente dell'oro nel condizionare le menti.

Questa era la situazione a Roma durante il primo quarto del XII secolo, quando due famiglie rivali, i Pierleoni e i Frangipani, erano in lotta per il potere. Entrambe erano ricche, i Pierleoni immensamente; nessuna delle due era eccessivamente scrupolosa; e quando il papa Callisto II morì nel 1124, entrambe le famiglie presentarono un candidato al trono papale. L'uomo dei Pierleoni, Anacleto, "non era ben visto nemmeno dai suoi amici". Ma riuscì a prevalere sul suo rivale, sostenuto dai Frangipani.

Il regno di Anacleto fu breve e impopolare, ma egli si aggrappò pericolosamente al potere fino alla sua morte, avvenuta nel 1138, quando fu dichiarato antipapa a favore di Innocenzo II. Fu così che una cricca organizzata, anche se solo per un breve periodo, prese il controllo del Vaticano dove insediò il "suo uomo", un traguardo ambito che figurava nelle menti dei cospiratori internazionali fino a quando, ai nostri giorni, è stato realizzato.

È curioso che l'uomo sia disposto a soffrire più facilmente per delle idee, per quanto rozze, che per cause positive che incidono sul suo modo di vivere; e quando all'inizio del XIII secolo la perenne eresia dello gnosticismo rialzò la testa nella piccola città di Albi, nel sud della Francia, gli uomini vi accorsero come un tempo dovevano unirsi a una crociata dell'. Ma questa volta i suoi principi erano più estremi di quelli di qualsiasi guerriero cristiano. La materia era dichiarata malvagia; quindi la morte, che significava la fine della materia, diventava più desiderabile della vita. Il suicidio, spesso provocato da uomini che morivano di fame insieme alle loro famiglie, era un privilegio e una benedizione; e le fondamenta stesse della Chiesa, con il trono papale, venivano scosse , mentre centinaia di ecclesiastici, insieme a altrettante suore, si schieravano dalla parte che aveva connotazioni politiche e filosofiche più profonde di quanto appaia in molte storie dell'epoca.

Fu una lotta all'ultimo sangue in cui la Chiesa, sotto papa Innocenzo III, reagì violentemente istituendo l'Inquisizione. Il suo scopo era quello di esaminare gli albigesi che, fingendo di essere ortodossi, erano entrati nella Chiesa e occupavano alcuni dei suoi luoghi più elevati per minarne l'autorità e instaurare, in ogni ambito, un sistema di proprietà comune. La conquista del papato era, ovviamente, il loro obiettivo principale, anche se la maggior parte delle storie dell'epoca si concentrano maggiormente sul destino di coloro che non riuscirono a recitare correttamente il "Padre Nostro" davanti ai loro interrogatori.

La violenza e la crudeltà della guerra che ne seguì lasciarono un segno indelebile nella storia. I termini albigesi e Inquisizione sono spesso utilizzati come argomenti utili in una discussione. Pochi comprendono il vero significato di quella lotta che lasciò il trono papale ancora saldo, per il momento invulnerabile, ma sempre, sotto diverse forme e da ogni parte d'Europa, oggetto di attacchi.

Da quel momento in poi l'attacco fu più concentrato. Raccolse forza. Nel 1482, a Strasburgo, acquisì una nuova intensità quando i nemici del Papa dichiararono la loro intenzione di muovergli guerra. Un documento del 1535, noto come Carta di Colonia, è testimonianza della stessa ostilità e altrettanto violento. Echi della campagna albigese, che continuava a sostenere che l'inesistenza era preferibile a quello che i suoi seguaci chiamavano l'ordine satanico della vita terrena, persistevano in un paese tradizionalmente ortodosso e mai densamente popolato come il Portogallo, dove l'attività dell'Inquisizione era tale che, tra le decine di persone condannate a morte tra il 1619 e il 1627, c'erano cinquantanove sacerdoti e suore.

Durante gli ultimi anni del XVIII secolo, un giovane camminava per le strade di Ingolstadt, in Baviera, con odio nel cuore e una ferma determinazione nella mente. Il suo odio era diretto contro i gesuiti, la società religiosa che lo aveva formato e reso professore di diritto canonico all'università locale, una società che, per inciso, è sempre stata un terreno fertile per quasi ogni tipo di santo e assassino.

La sua determinazione, condivisa in un momento o nell'altro da molti giovani seri, ma troppo spesso senza dedizione, era quella di lavorare per rovesciare la Chiesa e lo Stato. Ma la sua determinazione aveva radici profonde, e Adam Weishaupt (questo era il suo nome) stava ora raccogliendo i frutti della Compagnia che aveva imparato a disprezzare.

Lo spirito del primo gesuita, Ignazio di Loyola, era giunto persino agli apostati tra i suoi seguaci. Ignazio era stato, come non era raro all'epoca nella sua Spagna natale, un gentiluomo soldato. Aveva affrontato il fuoco nemico e conosciuto lo shock delle armi. E Adam Weishaupt poteva guardare al futuro con mente militare. Aveva grinta e visione. Conosceva il valore della sorpresa, che si basa sulla segretezza. Ed era determinato. Tutto intorno a lui c'era conflitto e contraddizione. Voleva unire l'umanità in un unico insieme, eliminare le tradizioni, che differiscono da popolo a popolo, e sopprimere i dogmi, che invitano a più falsità di quelle che intendono stabilire.

Non era la prima volta, e certamente non sarebbe stata l'ultima, che un uomo si distingueva dai suoi simili in nome della fratellanza universale. Lo stato ideale che Weishaupt aveva in mente era, ovviamente, fondato sul sogno impossibile della perfezione umana; da qui il nome arrogante e presuntuoso dei suoi primi seguaci: perfezionisti.

Ma ben presto divenne chiaro che l'impeccabilità morale era meno utile ai suoi fini dell'illuminazione mentale; e il 1° maggio 1776 nacque la società segreta che avrebbe profondamente influenzato gran parte della storia successiva: gli Illuminati. La data e alcune delle sue implicazioni sono degne di nota. Il 1° maggio, infatti, si celebrava la grande festa pagana celtica di Beltane , sulle colline che, ove possibile, erano di forma piramidale.

Gli Illuminati avevano già deciso, secondo un piano reso noto a Monaco l'anno precedente, una linea di condotta molto ambiziosa. Avrebbero formato e controllato l'opinione pubblica. Avrebbero amalgamato le religioni dissolvendo tutte le differenze di credo e di rito che le avevano tenute separate; avrebbero preso il controllo del Papato e posto un proprio agente sulla cattedra di Pietro.

Un altro progetto era quello di abbattere la monarchia francese, che da tempo esercitava una potente influenza, seconda solo al Papato, nel mantenimento dell'ordine europeo esistente. A tal fine fu trovato un intermediario molto efficiente nella persona di un certo Joseph Balsamo, meglio conosciuto come Cagliostro, uno dei più abili artisti del mondo nel campo dell'illusione.

Come la maggior parte dei leader anarchici, se non tutti, era sostenuto finanziariamente da un gruppo di banchieri della famiglia Rothschild. Fu sotto la loro direzione che furono elaborati i piani a lungo termine e su scala mondiale degli Illuminati.

Le escursioni di Cagliostro nel regno dell'occulto gli valsero una serie di epiteti. Era un ciarlatano, un astrologo, il possessore del segreto dell'eterna giovinezza e della grande medicina universale. Ma la sua pretesa di essere posseduto da un'influenza ultraterrena potrebbe non essere stata del tutto falsa. Dopo essere sopravvissuto alle prove che lo resero un Illuminato a tutti gli effetti (la cerimonia si svolse di notte, in una cripta sotterranea vicino a Francoforte), viaggiò di paese in paese, in una carrozza nera verniciata e decorata con simboli magici, imponendo le sue arti ai circoli più influenti, ma sempre con un occhio di riguardo per la corte francese, dove ben presto individuò in Maria Antonietta il membro più prezioso e suscettibile.

Il modo in cui alla fine si spinse troppo oltre, perpetrando la truffa della collana di diamanti,[2] fa parte del processo preparatorio che portò allo scoppio della Rivoluzione francese. Morì miseramente a Roma, ma non senza lasciare una reputazione che ancora oggi solleva interrogativi e che è tipica dei formidabili effetti derivati dal contatto con gli Illuminati.

Come parte del segreto che mascherava la sua forza, e forse anche per un desiderio giovanile di rivendicare legami con la classicità, i leader della Società adottarono nomi classici, per lo più tratti dalla mitologia e dalla storia greca o romana. Adam Weishaupt divenne Spartaco, il nome dello schiavo trace che guidò una rivolta contro Roma. Il suo secondo in comando, il barone Knigge, scelse Filone, dal nome del filosofo neoplatonico. Il rozzo Franz Zwackh scelse di chiamarsi Catone, il politico romano. Il marchese Costanzo (poiché gli Illuminati si attribuivano liberamente titoli nobiliari) divenne Diomede, uno dei capi greci nella guerra di Troia; mentre un certo Francis Mary Arouet, piccolo di statura, deforme e avvizzito, si inventò un nome destinato a risuonare nella coscienza popolare come un tuono in miniatura — o Voltaire.

È abbastanza comune per il lettore occasionale dare un'occhiata, o addirittura studiare, i nomi di coloro che guidarono la furia antiborbonica che travolse Parigi e gran parte della Francia, senza rendersi conto che gran parte di essa proveniva dagli Illuminati, i cui membri erano prominenti nei comitati e nelle assemblee di breve durata generati dalla Rivoluzione.

Mirabeau e Danton erano due delle sue figure quasi gigantesche. Il piccolo e elegante Robespierre forniva la coerenza e il tortuoso Fouché l'astuzia autoconservatrice, con menti fredde come il ghiaccio. Talleyrand superò zoppicando gli ostacoli che si

---

[2] Una vicenda complicata che coinvolge la passione frustrata di un cardinale, un'usurpazione d'identità e lettere false. Ben trattata da Hilaire Belloc nel suo libro su *Maria Antonietta*, che fu trascinata nel scandalo.

rivelarono fatali per uomini più attivi. Camille Desmoulins mostrava una fede adolescenziale nei suoi compagni. I marescialli Murat, Massena, Bernadotte e Soult seguivano la direzione del cappello a bicorno di Napoleone e respingevano i suoi nemici, da un campo all'altro. Kellermann, pesante come il suo nome, rimaneva saldamente con gli stivali e gli speroni, a differenza di Lafayette, che poteva cambiare la sua uniforme reale con l'abito di un repubblicano o di un diplomatico. Tutti questi erano Illuminati. Alcuni lavoravano a occhi aperti, veri e propri complici. Altri, come Desmoulins, erano entusiasti o ingenui.

La loro influenza non morì con loro. Fu tramandata, molto tempo dopo che la ghigliottina era caduta in disuso, e poteva essere riconosciuta come il potere dietro il Direttorio. Si affievolì durante il Consolato, ma tornò rafforzata quando Luigi XVIII fu insediato sul trono dopo Waterloo, e scatenò la Rivoluzione del 1830, che segnò la fine dei Borboni, che gli Illuminati avevano da tempo condannato alla rovina.

5.

I sinistri disegni di Weishaupt e della sua Società erano stati resi noti al governo bavarese, a seguito di un temporale, nel 1785.

Un ex prete e scagnozzo di Weishaupt, di nome Joseph Lanz, era uscito durante il temporale per consegnare un messaggio, quando fu colpito da un fulmine e ucciso. Il suo corpo fu portato nella cappella di un convento benedettino dove una suora, che lo preparava per la sepoltura, trovò dei documenti cuciti nei suoi vestiti. Ben presto si capì che la loro importanza andava ben oltre il convento e furono consegnati alle autorità che, dopo averli esaminati attentamente, si resero conto che descrivevano un complotto per rovesciare la Chiesa e lo Stato. Weishaupt fu bandito dalla Baviera, ma si rimise rapidamente in piedi grazie alla protezione e alla pensione concessegli dal principe di Sassonia-Gotha.

Alla morte di Weishaupt, nel 1830, l'influenza della sua Società era evidente in altri paesi oltre alla Francia, anche se le sue attività erano talvolta indistinguibili da quelle del movimento italiano più politicizzato, i Carbonari. Tale società era stata fondata da Maghella a Napoli all'epoca dell'ex maresciallo Murat, che era stato nominato re di Napoli da Napoleone. Il suo obiettivo dichiarato era quello di cacciare gli stranieri e instaurare una costituzione repubblicana.

La forza peculiare di tali organismi è sempre stata la loro segretezza, che non era affatto smentita dai segni e dai simboli che adottavano. A volte avevano un significato occulto affettato, che doveva impressionare, e questo spesso li portava a introdurre riti di iniziazione semplicemente puerili, assurdi o addirittura sgradevoli. C'era, ad esempio, una cerchia di Illuminati che convinceva i candidati a entrare in una vasca d'acqua — persuadendoli, cioè, tirandoli verso la vasca con un pezzo di corda legato ai loro genitali. Ed era proprio questa perversa ossessione sessuale che spingeva alcuni discepoli di Weishaupt a sottoporsi all'autocastrazione.

Ma alcuni riti e simboli derivavano un significato innegabile da ciò che viene generalmente chiamato Magia Nera, o dall'invocazione di un potere satanico la cui potenza attraversa come una striscia sinistra le pagine della Bibbia, dei racconti leggendari e degli scritti storicamente verificati.

"È attraverso i simboli", diceva Thomas Carlyle in *Sartor Resartus*, "che l'uomo è guidato e comandato, reso felice o infelice. Ovunque si trovi, è circondato da simboli, riconosciuti come tali o meno".

Gli Illuminati fecero uso di una forma che era probabilmente antica quando l'Egitto raggiunse il suo apice, quella di una piramide, o triangolo, che è nota da tempo agli iniziati come segno di fede mistica o solare. Al vertice di quella piramide, o talvolta alla sua base, c'era, e c'è ancora, l'immagine di un occhio umano separato, che è stato variamente definito come l'occhio aperto di Lucifero, la stella del mattino o l'eterno osservatore del mondo e della scena umana.

La piramide era uno dei simboli che rappresentavano la divinità sconosciuta e senza nome nei culti precristiani. Secoli dopo fu resuscitata come simbolo della distruzione della Chiesa cattolica; e quando la prima fase di quella distruzione fu portata a termine, come vedremo, da coloro che si erano infiltrati e da allora occupavano alcune delle più alte cariche della Chiesa, essi la riprodussero come segno del loro successo.

Essa sovrastava la folla riunita per il Congresso Eucaristico di Filadelfia nel 1976. Fu ripresa dai gesuiti che curavano l'annuario della Compagnia e apparve su una serie di francobolli vaticani emessi nel 1978.

L'occhio, che può essere fatto risalire agli adoratori della luna babilonesi, o astrologi, arrivò a rappresentare la trinità egizia di Osiride, il sole; Iside, la dea della luna; e il loro figlio, Horus. Iside appariva anche ad Atene, Roma, Sicilia e altri centri dell'antichità con una varietà di nomi tra cui Venere, Minerva,

Diana, Cibele, Cerere, Proserpina e Bellona. L'occhio dell' e entrò a far parte dei simboli solari mistici di Giove, Baal e Apollo.

Non c'era nulla di vuoto o infantile nell'affermazione della Società secondo cui i suoi membri, come dimostrava l'Occhio, erano sotto costante sorveglianza. "È chiaro", recitava un dictum della Società, "che chiunque riveli i nostri segreti, volontariamente o involontariamente, firma la propria condanna a morte".

E quelle parole sono state confermate più e più volte. Uno dei primi a darne un esempio fu un francese di nome Lescure, il cui figlio aveva avuto un breve ruolo di rilievo durante la Rivoluzione. Lescure senior fu ammesso al culto dell'Occhio e della piramide. Ma ben presto si pentì, rifiutò di partecipare alle riunioni, fu considerato un potenziale pericolo per i suoi ex confratelli e morì improvvisamente avvelenato. Nei suoi ultimi momenti di lucidità accusò "quell'orda empia degli Illuminati" della sua morte.

6.

Si è già fatto cenno ai Carbonari, il cui Supremo Direttorio, noto come *Alta Vendita*,[3] divenne una sorta di nucleo per tutte le società segrete diffuse in Italia. Per organizzazione e intenzioni era molto simile agli Illuminati. I suoi capi adottarono appellativi stravaganti simili (come Piccola Tigre, Nubius, Vindex, Minos) e manifestarono la stessa incessante ostilità verso la Chiesa e lo Stato.

Ciò era chiaramente delineato in una serie di *Istruzioni Permanenti*, o Codice di Regole, apparso in Italia nel 1818. Era stato scritto da Nubius e indirizzato a un compagno cospiratore di nome Volpi, con suggerimenti e notizie su ciò che era stato realizzato fino a quel momento.

Nubius, che sembra essere stato un uomo di rango a Roma, inizia con una modesta valutazione del compito non trascurabile che gli era stato affidato. "Come ti ho detto prima, sono stato incaricato di demoralizzare l'educazione dei giovani della Chiesa". Ma non era ignaro dell'ostacolo più difficile che avrebbe dovuto affrontare. Rimaneva un grande problema. "Il Papato ha sempre esercitato un'influenza decisiva sull'Italia. Con il braccio, la voce, la penna dei suoi innumerevoli vescovi, monaci, suore e fedeli di ogni latitudine, il Papa trova ovunque persone pronte al sacrificio, persino al martirio, amici disposti a morire per lui o a sacrificare tutto per lui.

È una leva potente, il cui pieno potere pochi papi hanno compreso e che è stata finora utilizzata solo in parte...

---

[3] Letteralmente "il vecchio negozio" o "la vecchia vendita". Le riunioni delle società segrete erano spesso camuffate da aste per evitare sospetti.

Il nostro obiettivo finale è quello di Voltaire e della Rivoluzione francese —: la completa distruzione del cattolicesimo e, in ultima analisi, del cristianesimo. Se il cristianesimo sopravvivesse, anche sulle rovine di Roma, poco dopo risorgerebbe e vivrebbe.

"Non date retta a quei francesi vanagloriosi e presuntuosi, a quei tedeschi ottusi e a quegli inglesi ipocondriaci che credono possibile porre fine al cattolicesimo con una canzone oscena o con un sarcasmo spregevole. Il cattolicesimo ha una vitalità che sopravvive facilmente a tali attacchi. Ha visto avversari più implacabili e molto più terribili, e talvolta ha provato un malizioso piacere nel battezzare con l'acqua santa i più rabbiosi tra loro.

"Perciò il Papato è stato intrecciato per millesettecento anni con la storia d'Italia. L'Italia non può respirare né muoversi senza il permesso del Sommo Pontefice. Con lui ha le cento braccia di Briareo; senza di lui è condannata a una lamentabile impotenza. Questo stato di cose non deve continuare. È necessario cercare un rimedio.

"Molto bene. Il rimedio è a portata di mano. Il Papa, chiunque egli sia, non entrerà mai in una società segreta. Diventa quindi dovere delle società segrete fare il primo passo verso la Chiesa e verso il Papa, con l'obiettivo di conquistare entrambi. Il lavoro per cui ci prepariamo non è il lavoro di un giorno, né di un mese, né di un anno. Potrebbe durare molti anni, forse un secolo. Nelle nostre file il soldato muore, ma l'opera continua.

"Al momento non intendiamo conquistare il Papa alla nostra causa. Quello che dobbiamo attendere, come gli ebrei attendono il Messia, è un Papa secondo i nostri desideri. Abbiamo bisogno di un Papa per noi stessi, se un tale Papa fosse possibile. Con un tale Papa marceremo più sicuri verso l'assalto alla Chiesa che con tutti i libretti dei nostri fratelli francesi e inglesi. E perché?

Perché sarebbe inutile cercare con questi soli di spaccare la Roccia su cui Dio ha edificato la Chiesa. Non avremmo bisogno dell' o aceto di Annibale[4] né della polvere da sparo, né delle nostre armi, se avessimo anche solo il mignolo del successore di Pietro coinvolto nel complotto; quel mignolo ci sarebbe più utile per la nostra crociata che tutti gli Urbani e i San Bernardo per la crociata del cristianesimo.

"Confidiamo di poter ancora raggiungere questo obiettivo supremo dei nostri sforzi. Poco si può fare con i vecchi cardinali e con i prelati dal carattere deciso. Nelle nostre riviste, popolari o impopolari che siano, dobbiamo trovare il modo di utilizzare o ridicolizzare il potere che hanno nelle loro mani. Una notizia ben inventata deve essere diffusa con tatto tra le famiglie cristiane.

Ad esempio, un tale cardinale è avaro; un tale prelato è licenzioso. Queste cose si diffonderanno rapidamente nei caffè, poi nelle piazze, e a volte basta una sola notizia per rovinare un uomo.

"Se un prelato arriva in provincia da Roma per officiare in qualche funzione pubblica, è necessario informarsi immediatamente sul suo carattere, i suoi antecedenti, il suo temperamento, i suoi difetti — , specialmente i suoi difetti. Dategli un carattere che deve terrorizzare i giovani e le donne; descrivetelo come crudele, senza cuore o sanguinario; raccontate qualche azione atroce che susciterà scalpore tra la gente. I giornali stranieri verranno a conoscenza di questi fatti e li copieranno, sapendo come abbellirli secondo il loro solito stile..."

---

[4] Gli storici antichi ritenevano che i passi alpini fossero troppo stretti per consentire il passaggio dell'esercito di Annibale con i suoi elefanti e che questi avesse dovuto usare aceto bollente per spaccare la roccia.

7.

A parte le indicazioni precedenti, lo scopo principale del complotto, ovvero ottenere il controllo del Papato, era stato portato alla luce a Firenze da un oppositore delle società segrete di nome Simonini, che aveva riferito a Pio VII le loro intenzioni.

Ma la Chiesa non poteva fare molto per difendersi se non lanciare avvertimenti, mentre i Carbonari, rafforzati dalle dichiarazioni positive pronunciate *dall'Alta Vendita*, continuavano i loro attacchi.

Pochi anni dopo la pubblicazione di quel documento, Little Tiger si rivolse al gruppo piemontese della società con queste parole: "Il cattolicesimo deve essere distrutto in tutto il mondo. Rovistate nel gregge cattolico e catturate il primo agnello che si presenta nelle condizioni richieste. Andate anche nelle profondità dei conventi. In pochi anni il giovane clero avrà, per forza degli eventi, invaso tutte le funzioni. Governerà, amministrerà e giudicherà.

Saranno chiamati a scegliere il Pontefice che regnerà; e il Pontefice, come la maggior parte dei suoi contemporanei, sarà necessariamente imbevuto dei principi che stiamo per mettere in circolazione.

"È un piccolo granello di senape che metteremo nella terra, ma il sole della giustizia lo farà crescere fino a diventare una grande potenza, e un giorno vedrete quale ricco raccolto produrrà quel piccolo seme".

La politica di infiltrazione era già stata messa in atto, e Little Tiger sosteneva che una nuova generazione di sacerdoti, giovani di talento destinati a salire ai vertici della gerarchia, era stata addestrata per prendere il potere e distruggere la Chiesa. E non erano vanterie, poiché nel 1824 diceva a Nubius: "ci sono alcuni membri del clero, specialmente a Roma, che hanno abboccato all'esca, all'amo, alla lenza e al piombo".

La tenacia, la meticolosità e la determinazione delle società che, allora come oggi, non si trovavano al di fuori di esse, non furono mai messe in dubbio. "Lasciate che il clero marci sotto la vostra bandiera nella convinzione di marciare sotto la bandiera delle Chiavi Apostoliche. Non temete di infiltrarvi nelle comunità religiose, nel cuore stesso del loro gregge.

Lasciate che i nostri agenti studino con attenzione il personale di quelle confraternite, metteteli sotto la guida pastorale di qualche sacerdote virtuoso, ben noto ma credulone e facile da ingannare. Poi infiltrate il veleno in quei cuori eletti; infiltratelo a piccole dosi, come per caso".

A ciò seguì presto una valutazione fiduciosa delle conquiste già ottenute dalle società. "In Italia contano tra le loro fila più di ottocento sacerdoti, tra cui molti professori e prelati, nonché alcuni vescovi e cardinali!". Si sosteneva che anche molti membri del clero spagnolo fossero coinvolti.

Ma, come ripeteva costantemente Nubius, tutte le vittorie provvisorie sarebbero state vane finché un papa che faceva parte del loro disegno finale non avesse occupato la cattedra di Pietro. "Quando ciò sarà compiuto", scrisse nel 1843, "avrete instaurato una rivoluzione guidata dalla tiara e dal mantello pluviale (cerimoniale); una rivoluzione realizzata con poca forza, ma che accenderà una fiamma ai quattro angoli del mondo".

C'era un senso di cambiamento nell'aria, un cambiamento che avrebbe superato i confini della Chiesa e trasformato molti aspetti dell'esistenza. Little Tiger lo riassunse con speranza a Nubius nel 1846: "Tutti sentono che il vecchio mondo sta crollando". E doveva aver colto il segno, perché due anni dopo un gruppo molto selezionato di iniziati segreti che si facevano chiamare la Lega dei Dodici Giusti degli Illuminati finanziò Karl Marx per scrivere il Manifesto del Partito Comunista, e nel giro di pochi mesi l'Europa fu sconvolta dalla rivoluzione.

Ma Nubius non visse abbastanza a lungo per godere dei benefici che ne sarebbero potuti derivare. Infatti, alimentato da voci, vere o false, secondo cui avrebbe parlato troppo, l'occhio che tutto vede si rivolse verso di lui e Nubius soccombette a una dose di veleno.

Noi di questa generazione abbiamo vissuto e stiamo ancora vivendo le conseguenze politiche e religiose di una lotta le cui cause erano nascoste a coloro che ne hanno assistito alle prime fasi, così come lo sono per noi che brancoliamo alla cieca nelle sue fasi secondarie. I suoi autori e le loro operazioni sono infatti mascherati da un segreto così continuo e profondo che non ha eguali altrove.

Quando lo scrittore francese Cretineau-Joly portò all'attenzione di papa Pio IX (1846-78) il sinistro significato *dell'Alta Vendita*, che permise che il suo nome fosse usato come garanzia della sua autorità, l'evento, che avrebbe dovuto essere accompagnato da fanfare di trombe d'argento, fu soffocato dal fischio meschino della verbosità e del gergo parlamentare. E quando Adolphe Cremieux, ministro della Giustizia, come riportato in *Les Archives*, Parigi, nel novembre 1861, espresse il precetto che "le nazionalità devono scomparire, la religione deve essere soppressa", gli ambienti che avevano formulato tali affermazioni fecero in modo che non fossero mai diffuse come previsioni di una condizione che avrebbe richiesto un'accettazione diffusa in meno di un secolo.

Ancora una volta, un lettore del *Times*, nell'Inghilterra vittoriana, avrebbe notato, forse con un disgusto insulare per tutto ciò che era latino, i disordini che di tanto in tanto scoppiavano in Spagna, Portogallo, Napoli e negli Stati Pontifici. Nel cercare una spiegazione, la parola "dagos" avrebbe potuto suggerirsi. Ma una cosa è certa. Non avrebbe mai pensato che l'uomo che aveva orchestrato i disordini fosse nientemeno che Lord Palmerston, che fu ministro degli Esteri della regina tra il 1830 e il 1851, primo ministro nel 1855 e poi nuovamente nel 1859 fino alla sua morte nel 1865.

Dietro quei titoli parlamentari, era noto ai suoi compagni cospiratori come Gran Patriarca degli Illuminati e quindi controllore di tutto il sinistro complesso delle società segrete. Basta dare uno sguardo ad alcuni dei loro progetti politici —: la realizzazione di un'Italia unita sotto la Casa Savoia; l'annessione del territorio dell' e Papale; la ricostituzione di uno Stato polacco; la privazione dell'Austria e la conseguente ascesa dell'Impero tedesco.

Ciascuno di questi obiettivi, indipendentemente dal tempo, era stato fissato nell'agenda degli Illuminati. Tutti sono stati raggiunti; e Benjamin Disraeli, che conosceva bene l'intera faccenda dei complotti e dei controcomplotti, aveva senza dubbio in mente le macchinazioni di Palmerston quando disse, nel 1876: "I governi di questo Paese devono avere a che fare non solo con governi, re e ministri, ma anche con società segrete, elementi di cui bisogna tenere conto, che all'ultimo momento possono mandare all'aria tutti i piani, che hanno agenti ovunque, che incitano agli omicidi e possono, se necessario, guidare un massacro".

I leader della rivoluzione italiana, Mazzini, Garibaldi e Cavour, erano al servizio dell'Occhio, mentre monarchi dell'epoca come Vittorio Emanuele II e Napoleone III rientravano anch'essi nella sua sfera d'influenza.

Per tutto il resto del secolo l'attacco all'ortodossia acquistò sempre più forza. Nel 1881 il primo ministro francese Léon Gambetta poté dichiarare apertamente: "Il clericalismo è il nemico". Un oratore più popolare gridò: "Sputo sul cadavere in decomposizione del papato". E lo stesso anno fornì ampie prove dell'ostilità che era pronta a scoppiare nelle parti più inaspettate del continente. — Quando il corpo di Pio IX fu trasferito dalla basilica vaticana alla chiesa di San Lorenzo fuori le Mura, il corteo funebre fu attaccato da una folla armata di bastoni. Tra grida oscene, si sviluppò una battaglia di strada prima che il corpo del papa defunto potesse essere salvato dal essere gettato nel Tevere. Le autorità, schierandosi con i rivoltosi, non intervennero.

Fu così che, attraverso molte vie tortuose, le lotte dei primi tempi del cristianesimo e del Medioevo continuarono. Ma ora i nemici della Chiesa stavano spostando i loro attacchi dalla guerra aperta alla penetrazione pacifica, più in linea con lo spirito del tempo.

"Ciò che abbiamo intrapreso", proclamò il marchese de la Franquerie a metà del secolo scorso, "è la corruzione dell' e popolo da parte del clero e quella del clero da parte nostra, la corruzione che ci porta a scavare la tomba della Chiesa".

Una previsione ancora più sicura, e su un nuovo registro, fu fatta circa sessant'anni dopo: "Satana regnerà in Vaticano. Il Papa sarà suo schiavo". La conferma di ciò, con parole molto simili, fu data in una rivelazione ricevuta da tre bambini analfabeti di dieci, otto e sette anni, nella piccola città di Fatima, in Portogallo, nel 1917. Essa assunse la forma di un avvertimento che, a quel tempo, sembrava francamente ridicolo: "Satana regnerà anche nei luoghi più alti. Entrerà persino nella più alta posizione della Chiesa".

Alcuni indizi dei progetti profetici o accuratamente pianificati delle società segrete possono essere letti in una lettera indirizzata a Mazzini, datata 15 aprile 1871 e conservata nella biblioteca del British Museum. A quel tempo le guerre erano condotte su scala relativamente piccola e limitata, ma questa lettera, scritta più di quarant'anni prima dell'inizio del primo conflitto mondiale, può essere interpretata come una previsione della seconda guerra mondiale, insieme ad altri possibili accenni a una terza catastrofe ancora più grande che deve ancora verificarsi. Eccone una citazione:

"Scateneremo i nichilisti e gli atei e provocheremo una formidabile catastrofe sociale che, in tutto il suo orrore, mostrerà chiaramente alle nazioni gli effetti dell'ateismo assoluto, della barbarie originaria e del tumulto più sanguinoso.

"Allora ovunque i cittadini, costretti a difendersi dalla maggioranza dei rivoluzionari mondiali, annienteranno i distruttori delle civiltà; e la moltitudine, disillusa dal cristianesimo, il cui spirito deista sarà da quel momento senza bussola, ansiosa di un ideale, ma senza sapere dove rivolgere la propria adorazione, riceverà la vera luce attraverso la manifestazione universale della pura dottrina di Lucifero, finalmente portata alla luce, una manifestazione che sarà il risultato del movimento rivoluzionario generale che seguirà la distruzione del cristianesimo e dell'ateismo, entrambi conquistati e sterminati allo stesso tempo".

Nel testo sopra riportato viene utilizzato un termine che, nel corso di queste pagine, potrebbe richiedere un chiarimento. È necessario comprendere che i nemici della Chiesa non erano atei nel senso comunemente accettato. Essi rifiutavano la religione rappresentata dal Dio cristiano, che chiamavano Adonay, un essere che, secondo loro, aveva condannato il genere umano a un ciclo ricorrente di sofferenza e oscurità.

Ma la loro intelligenza esige il riconoscimento di un dio, e lo hanno trovato in Lucifero, figlio del mattino e portatore di luce, il più brillante degli arcangeli che guidò la rivoluzione celeste nel tentativo di rendersi uguale a Dio.

Il credo luciferino, altamente sviluppato, fino alla fine della guerra del 1939 era diretto in tutto il mondo da un centro in Svizzera. Da allora la sua sede si trova nell'Harold Pratt Building, a New York.

Ma nonostante sia possibile indicare tali luoghi, il velo di segretezza che avvolge la cerchia ristretta del governo mondiale non è mai stato sollevato. Nulla al mondo è rimasto così nascosto, così intatto; e l'esistenza di tale cerchia ristretta è stata riconosciuta nientemeno che da Mazzini che, pur essendo uno dei principali cospiratori, fu costretto ad ammettere, in una lettera scritta poco prima della sua morte al dottor Breidenstine: "Noi formiamo un'associazione di fratelli in tutti i punti del globo. Eppure c'è qualcuno che non si vede, che difficilmente si percepisce, ma che grava su di noi. Da dove viene? Dove si trova? Nessuno lo sa, o almeno nessuno ne parla. Questa associazione è segreta persino per noi, veterani delle società segrete".

The Voice, la rivista della fratellanza universale, pubblicata per la prima volta in Inghilterra nel 1973 e successivamente trasferita a Somerset West, nella Provincia del Capo, in Sudafrica, dice a questo proposito: "I Fratelli Maggiori della Razza di solito si muovono nel mondo nell'anonimato. Non cercano riconoscimento, preferendo servire dietro le quinte".

Nel suo libro *1984*, spesso citato, George Orwell fa riferimento a questo partito interno, o fratellanza universale, e al fatto che, oltre alla sua segretezza, il fatto di non essere un'organizzazione nel senso comune del termine la rende invulnerabile. Sir Winston Churchill, nel suo studio sui *grandi contemporanei* afferma: "Una volta che l'apparato del potere è nelle mani della Fratellanza, ogni opposizione, ogni opinione contraria, deve essere eliminata con la morte".

E anche in queste pagine sono riportati abbastanza casi di morti misteriose da far riflettere su questo punto.

8.

L'introduzione di Satana come elemento nuovo nella lotta incontrò meno riscontro nell'eterodossa Inghilterra che nel continente. Lì, infatti, la fede nel potere positivo del male e i casi di possessione diabolica non erano sempre considerati fantasie. Ciò che era accaduto nel convento delle Orsoline a Louviers, in Normandia, e in un altro convento (anch'esso delle Orsoline) ad Aix-en-Provence, nella regione di Marsiglia, entrambi nel XVII secolo, poteva ancora suscitare sguardi nervosi alle spalle.

A Louviers, giovani suore e novizie avevano assistito a messe nere in cui l'ostia era stata consacrata sulle parti intime di una donna distesa sull'altare. Porzioni dell'ostia erano state poi inserite in quelle parti. Uno dei frati francescani che serviva il convento commerciava in filtri d'amore fatti con ostie sacramentali intinte nel sangue mestruale e in quello di bambini assassinati.

Nell'altro convento, una ragazza si contorceva a terra, esponendo ogni parte del corpo e urlando oscenità relative alla sodomia e al cannibalismo. Altri membri della comunità affermavano che le loro menti e i loro corpi erano tormentati da Belzebù, il demone adorato dai Filistei, il cosiddetto Signore delle Mosche perché appariva grondante di sangue sacrificale che attirava orde di insetti volanti. In entrambi i casi l'influenza malvagia fu ricondotta a sacerdoti ispirati da Satana, che morirono sul rogo. Parte delle prove, durante il processo a uno di loro, era un patto con Satana firmato con il sangue del sacerdote.

Più tardi, nello stesso secolo, l'abate Guibourg celebrò lo stesso tipo di finto rito religioso, talvolta con l'aiuto di Madame de Montespan, una delle amanti in declino di Luigi XIV, che vi partecipò nella speranza di ravvivare la passione del re per lei. Anche in questo caso il sangue di un bambino assassinato e quello di un pipistrello si mescolarono c e con lo sperma del sacerdote officiante per potenziare il vino sacramentale.

Era consuetudine che in tali occasioni il celebrante indossasse abiti cardinalizi. Sull'altare erano disposte candele nere.

La croce era ben visibile, ma capovolta, e c'erano immagini che mostravano un crocifisso calpestato da una capra. Una stella, una luna nera e un serpente figuravano in dipinti erotici alle pareti, e l'unico nome pronunciato con riverenza era quello di Lucifero. Gli iniziati ricevevano spesso la comunione in una chiesa regolarmente costituita, ma solo per portare via l'ostia in bocca e poi darla da mangiare ad animali e topi.

Un tipico centro di magia nera, o Tempio di Satana, fu istituito a Roma nel 1895. Un gruppo di persone interessate, curiose di scoprirne il significato, riuscì in qualche modo a penetrare poco oltre la soglia, e ciò che videro fu descritto da uno di loro, Domenico Margiotta:[5] "Le pareti laterali erano tappezzate da magnifici drappi di damasco rosso e nero.[6] In fondo c'era un grande arazzo su cui era raffigurata la figura di Satana, ai cui piedi c'era un altare.

"Qua e là erano disposti triangoli, quadrati e altri segni simbolici. Tutto intorno c'erano sedie dorate. Ognuna di esse, nella modanatura che ne incorniciava lo schienale, aveva un occhio di vetro, il cui interno era illuminato dall'elettricità, mentre al centro del tempio si trovava un curioso trono, quello del Grande Pontefice Satanico". Qualcosa nell'atmosfera silenziosa della stanza li terrorizzò, e se ne andarono più rapidamente di quanto erano entrati.

Con la rinascita degli Illuminati, anche in luoghi lontani come la Russia, c'erano segni che la loro influenza era penetrata ai vertici della Chiesa. Ciò era avvenuto nella persona del cardinale Mariano Rampolla (1843-1913), una di quelle figure

---

[5] *La Croix du Dauphiné*, 1895.

[6] Colori che ricorrono spesso in questo libro, specialmente all'inizio del pontificato di Papa Giovanni XXIII.

significative, ma oscure e in gran parte sconosciute, che si possono trovare solo nelle pagine segretamente sinistre della storia del Vaticano.

Siciliano di nascita e di orientamento liberale, entrò al servizio del Papa durante il pontificato di Leone XIII e fu Segretario di Propaganda prima di diventare Segretario di Stato.

Un inglese che sosteneva di averlo conosciuto e di averlo introdotto all'occultismo era Aleister Crowley, nato nel 1875 nella allora decadente città di Leamington e poi passato, attraverso Cambridge, a diventare una delle figure più controverse del mondo del mistero. Le persone intelligenti ancora oggi scuotono la testa nel tentativo di rispondere a domande come se fosse un maestro delle arti oscure, un dilettante o semplicemente un impostore. Somerset Maugham, che lo conosceva bene, espresse l'opinione che Crowley fosse un falso, "ma non del tutto".

Era certamente, come dimostrano i suoi scritti, un maestro della corruzione. Ciò che si potrebbe definire con benevolenza come le sue aspirazioni spirituali era temperato da un sensualità sfrenata. Era attraverso la carne che il suo essere si lanciava ad abbracciare il mistero. Le immagini che gli passavano per la mente ne uscivano deformate, spesso con connotazioni sessuali; e, come altri della sua specie che vagano al confine dell'ignoto, trovava conforto nel rifugiarsi dietro una varietà di nomi fantastici come Therion, Conte Vladimir Svaroff, Principe Chiva Khan, il Laird di Boleskin, un titolo che cercava di onorare indossando un kilt. Per sua madre era la Grande Bestia (dell'Apocalisse). Crowley rispondeva chiamandola bigotta senza cervello.

Limando i due canini, li trasformò in zanne, che gli permettevano di imprimere un bacio da vampiro sulla gola o sul polso di qualsiasi donna avesse la sfortuna di incontrarlo. Sposò Rose Kelly, sorella del pittore Sir Gerald, che in seguito divenne presidente della Royal Academy.

Lei era una creatura debole e subnormale, che evidentemente riusciva a chiudere un occhio sul suo piacevole modo di appendere la sua amante a testa in giù per i piedi in un armadio, così come riusciva ad accettare i nomi " " che lui aveva dato alle loro figlie: I Nuit Ahotoor Hecate Sappho Jezebel Lilith.

Che ci fosse o meno un legame definito tra Rampolla e Crowley, la costante ascesa del cardinale nella gerarchia ecclesiastica offriva un netto contrasto con la futile ossessione di Crowley per le società della Golden Dawn e dei Templari Orientali, alle quali erano affiliati organismi quali i Cavalieri dello Spirito Santo, la Chiesa Occulta del Santo Graal, la Confraternita Ermetica della Luce, l'Ordine di Enoch, il Rito di Memphis e il Rito di Mizraim.

Quando Leone XIII morì nel 1903 e fu convocato un conclave per eleggere il suo successore, Rampolla era dato per favorito. Il suo rivale più vicino era il Patriarca di Venezia, il cardinale Sarto, una figura meno imponente, secondo il giudizio comune, ma con un'aura di bontà, o addirittura di santità naturale, che Rampolla non aveva.

Al primo scrutinio, venticinque voti erano a suo favore, mentre Sarto ne otteneva solo cinque. Man mano che le votazioni procedevano, quest'ultimo aumentava costantemente la sua posizione, ma Rampolla continuava ad andare avanti. Sembrava che si fosse stabilito il modello di voto e, quasi a voler accelerare il risultato ovvio, il ministro degli Esteri francese prese l'insolita decisione di chiedere ai suoi connazionali tra i cardinali di sostenere Rampolla.

C'erano dei giochi segreti in atto? Quasi certamente sì. Ma se così fosse, gli oppositori del siciliano, che forse sapevano che era sospettato di essere un Illuminato, presentarono all'ultimo minuto un'obiezione che vanificò la sua candidatura. Gli imperatori d'Austria, che erano ancora riconosciuti come legittimi eredi del defunto Sacro Romano Impero, avevano il diritto ereditario di porre il veto sui candidati al trono papale che ritenevano inaccettabili.

Quel veto fu ora espresso dal cardinale di Cracovia (una città che allora era in Austria), a nome dell'imperatore Francesco Giuseppe d'Austria. Alcuni dissero che era il veto dello Spirito Santo. Le speranze di Rampolla naufragarono e l'opinione del conclave, e, si orientò a favore del suo sfidante più vicino, Sarto, che divenne papa Pio X.

Ma non si credeva generalmente che il veto espresso dal "molto cattolico" imperatore d'Austria fosse l'unico responsabile di aver sbarrato la strada a Rampolla, anche se questi, dopo il conclave, non ebbe mai alcun ruolo influente a Roma.

Dopo la sua morte, i documenti di Rampolla passarono nelle mani di Pio X. Dopo averli letti, li mise da parte con il commento: "Che uomo infelice! Bruciateli". I documenti furono gettati nel fuoco alla presenza del Papa, ma ne sopravvisse una parte sufficiente per fornire materiale per un articolo apparso su *La Libre Parole*, nel 1929 a Tolosa.

Alcuni dei documenti provenivano da una società segreta, l'Ordine del Tempio d'Oriente, e fornivano la prova che Rampolla aveva lavorato per rovesciare la Chiesa e lo Stato. Un taccuino, scoperto nello stesso periodo, getta una luce sorprendente sul possibile collegamento con Aleister Crowley; infatti, molte delle società affiliate al Tempio dell'Oriente erano quelle già citate, come la Chiesa Occulta del Santo Graal e il Rito di Mizraim, in tutte le quali Crowley esercitava una maggiore o minore influenza.

È quindi possibile che negli ultimi giorni della pace mondiale le società segrete siano arrivate molto vicine al raggiungimento del loro obiettivo secolare, l' — , attraverso Rampolla, rivendicando un Papa tutto loro.

9.

Il caos crescente e la sostituzione dei valori tradizionali con quelli di un nuovo ordine, che erano gli effetti tangibili della guerra del 1914, furono colti come opportunità favorevoli da coloro che non avevano mai smesso di considerare la Chiesa come il loro unico grande nemico. All'inizio del 1936 si tenne infatti a Parigi un convegno di società segrete, al quale, sebbene la partecipazione fosse strettamente limitata ai "pochi eletti", riuscirono a partecipare alcuni osservatori inglesi e francesi. I loro resoconti dell'incontro apparvero sulla *Catholic Gazette* del febbraio 1936 e, poche settimane dopo, su *Le Réveil du Peuple,* un settimanale parigino.

Nessuno poté fare a meno di notare quanto i sentimenti e gli argomenti trattati corrispondessero a quelli proposti da Nubius e *dall'Alta Vendita* più di un secolo prima. Quella che segue è una versione leggermente abbreviata della versione inglese:

"Finché esisterà una concezione morale dell'ordine sociale e finché non saranno sradicati ogni fede, patriottismo e dignità, il nostro regno sul mondo non verrà. Abbiamo già compiuto parte del nostro lavoro, ma non possiamo affermare che sia tutto finito. Abbiamo ancora molta strada da fare prima di poter rovesciare il nostro principale avversario, la Chiesa cattolica.

Dobbiamo sempre tenere a mente che la Chiesa cattolica è l'unica istituzione che ci ha ostacolato e che, finché esisterà, continuerà a farlo. La Chiesa cattolica, con il suo lavoro metodico e i suoi insegnamenti morali edificanti, manterrà sempre i suoi figli in uno stato d'animo tale da renderli troppo rispettosi di sé stessi per cedere al nostro dominio. Ecco perché ci siamo sforzati di scoprire il modo migliore per scuotere le fondamenta della Chiesa cattolica. Abbiamo diffuso lo spirito di rivolta e il falso liberalismo tra le nazioni per allontanarle dalla loro fede e persino per farle vergognare di professare i precetti della loro religione e di obbedire ai comandamenti della loro Chiesa.

Abbiamo portato molti di loro a vantarsi di essere atei e, peggio ancora, a gloriarsi di essere discendenti delle scimmie!

Abbiamo dato loro nuove teorie, impossibili da realizzare, come il comunismo, l'anarchismo e il socialismo, che ora servono ai nostri scopi. Le hanno accettate con grande entusiasmo, senza rendersi conto che quelle teorie sono nostre e che costituiscono lo strumento più potente contro se stessi.

Abbiamo infangato la Chiesa cattolica con le calunnie più ignominiose, abbiamo macchiato la sua storia e disonorato anche le sue attività più nobili. Le abbiamo attribuito i torti dei suoi nemici e abbiamo avvicinato questi ultimi alla nostra causa. Tanto che ora assistiamo, con nostra grande soddisfazione, a ribellioni contro la Chiesa in diversi paesi. Abbiamo trasformato il suo clero in oggetto di odio e di scherno, lo abbiamo sottoposto all'odio della folla. Abbiamo fatto sì che la pratica della religione cattolica fosse considerata antiquata e una semplice perdita di tempo. Abbiamo fondato molte associazioni segrete che lavorano per il nostro scopo, sotto i nostri ordini e le nostre direttive.

Finora abbiamo considerato la nostra strategia negli attacchi alla Chiesa dall'esterno. Ma non è tutto. Spieghiamo come abbiamo proseguito il nostro lavoro per accelerare la rovina della Chiesa cattolica, come siamo penetrati nei suoi circoli più intimi e abbiamo portato persino alcuni membri del suo clero a diventare pionieri della nostra causa:

"Oltre all'influenza della nostra filosofia, abbiamo intrapreso altre iniziative per aprire una breccia nella Chiesa cattolica. Vi spiego come abbiamo fatto. Abbiamo indotto alcuni dei nostri figli ad aderire alla Chiesa cattolica con l'esplicito intento che lavorassero in modo ancora più efficiente per la disintegrazione della Chiesa cattolica, creando scandali al suo interno.

"Siamo grati ai protestanti per la loro fedeltà ai nostri desideri, anche se la maggior parte di loro, nella sincerità della loro fede, non è consapevole della loro fedeltà nei nostri confronti. Siamo grati loro per il meraviglioso aiuto che ci stanno dando nella nostra lotta contro la roccaforte della civiltà cristiana e nei nostri preparativi per l'avvento della nostra supremazia sul mondo intero.

Finora siamo riusciti a rovesciare la maggior parte dei troni d'Europa. Il resto seguirà nel prossimo futuro.

La Russia ha già adorato il nostro dominio. La Francia è sotto il nostro controllo. L'Inghilterra, dipendente dalle nostre finanze, è sotto il nostro tallone; e nel suo protestantesimo è la nostra migliore speranza per la distruzione della Chiesa cattolica. La Spagna e il Messico non sono che giocattoli nelle nostre mani. E molti altri paesi, compresi gli Stati Uniti d'America, sono già caduti sotto i nostri intrighi.

Ma la Chiesa cattolica è ancora viva. Dobbiamo distruggerla senza il minimo ritardo e senza la minima pietà.

La maggior parte della stampa mondiale è sotto il nostro controllo. Intensifichiamo le nostre attività. Diffondiamo lo spirito rivoluzionario nelle menti delle persone.

"Dobbiamo far loro disprezzare il patriottismo e l'amore per la famiglia, considerare la loro fede come una farsa, la loro obbedienza alla Chiesa come una servilità degradante, in modo che diventino sordi all'appello della Chiesa e ciechi ai suoi avvertimenti contro di noi. Soprattutto, rendiamo impossibile ai cristiani fuori dalla Chiesa cattolica di ricongiungersi ad essa, o ai non cristiani di unirsi alla Chiesa; altrimenti il nostro dominio su di loro non potrà mai realizzarsi".

Seconda parte

Il nostro mondo morale e politico è minato da passaggi, cantine e fogne.

Goethe.

Il pontificato di Pio XII (1939-58) trovò la Chiesa in condizioni di grande fioritura. Essa esercitava il suo legittimo influsso sul mondo occidentale. Sempre più persone acquisivano una più piena consapevolezza, o almeno un barlume, dell'ideale cattolico. In Inghilterra si diceva che ogni anno diecimila persone in media, e negli Stati Uniti circa settantamila in un solo anno, si fossero "convertite" a Roma; e tra questi convertiti non erano pochi quelli che potevano essere classificati come personaggi di spicco in vari settori della vita sociale.

Intere case di religiosi anglicani, che avevano favorito le pratiche della Chiesa alta, a volte seguivano l'esempio. Il numero record di coloro che si formavano per diventare sacerdoti e suore prometteva bene per il futuro della Chiesa. La marea di opposizione derivante dalla Riforma stava cambiando. I segni della rinascita cattolica si stavano diffondendo in un settore del tutto inaspettato: il mondo anglofono.

Stranamente, questi eventi coincisero con l'ascesa del comunismo e il diffuso crollo dei valori morali e sociali che seguì la guerra del 1939. Durante quella guerra, che lasciò il comunismo in ascesa, il Vaticano era stato uno dei pochi centri completamente neutrali al mondo, il che gli valse critiche aspre da parte dei comunisti, che interpretarono quell'atteggiamento come una latente parzialità verso l'altra parte; e quelle critiche si rafforzarono quando il Papa scomunicò i cattolici che aderivano al Partito Comunista o lo aiutavano in qualsiasi modo.

Si trattava di un'estensione dell'avvertimento lanciato dal precedente Papa, Pio XI, nella sua enciclica *Quadragesimo Anno*:

"Nessuno può essere allo stesso tempo un cattolico sincero e un socialista in senso proprio".

Quelle parole erano state senza dubbio scritte pensando agli esponenti della democrazia continentale piuttosto che a quelli di lingua inglese. Tuttavia, implicavano una condanna non solo dei principi rivoluzionari, ma anche delle forme più moderate di espressione politica che, quando messe alla prova, incoraggiano la sovversione.

Ecco fatto. La linea di demarcazione tra Roma e i suoi nemici era stata tracciata con fermezza. Entrambe le parti avevano lanciato la sfida e sfoggiato il proprio stemma. Da una parte c'era chi era ispirato da un fervore messianico, sebbene non religioso, che prometteva cose migliori una volta dissolta la forma esistente della società; dall'altra, chi era sicuro di poter contare su una promessa soprannaturale che significava che non avrebbe potuto, né voluto, scendere a compromessi.

2.

Il vescovo in questione era Angelo Giuseppe Roncalli. Nato nel 1881 e ordinato sacerdote nel 1904, attirò presto l'attenzione del Vaticano come dottore in teologia e professore di storia ecclesiastica. Nel 1921 fu assegnato alla Congregazione della Propaganda e, dopo essere stato consacrato vescovo nel 1935, entrò nel servizio diplomatico della Chiesa.

I suoi primi incarichi furono nei Balcani, una parte del mondo che era ben lungi dall'essere favorevole all'influenza cattolica, come scoprì Roncalli. In qualità di Visitatore Apostolico, o *Incaricato d'affari* della Santa Sede a Sofia, fu coinvolto in difficoltà diplomatiche con il re, che assunsero un aspetto più meschino, ma personale, quando nel 1935 fu trasferito come Delegato Apostolico a Istanbul.

Lì era in pieno svolgimento l'attuale fervore per la modernizzazione sotto Mustafa Kemal. Alcune delle sue leggi colpivano duramente la religione, sia islamica che cristiana, e l'uso di qualsiasi tipo di abito clericale in pubblico era severamente vietato. Anche l'uso dei titoli ecclesiastici era proibito.

Roncalli si sentiva come in una camicia di forza, mai veramente libero, ma sorvegliato e spiato, e ogni suo movimento veniva riferito. I contatti che era riuscito a stabilire erano pochi e sporadici, e alla fine della giornata la sua abitudine era quella di tornare a casa in silenzio, come un passante straniero e anonimo.

Una sera si sentì insolitamente stanco e, senza spogliarsi né spegnere la luce, si gettò sul letto. Alle pareti c'erano ricordi della sua vita precedente, le fotografie dei parenti e del paese della pianura lombarda dove erano cresciuti insieme. Chiuse gli occhi e mormorò le sue solite preghiere. In una sorta di visione vide i volti delle persone che aveva incrociato distrattamente per strada quel giorno, emergere da una nebbia davanti a lui. Tra loro c'era il volto di un vecchio dai capelli bianchi e dalla pelle olivastra che gli conferiva un aspetto quasi orientale.

Ciò che seguì potrebbe essere stato un sogno, o almeno così sembrò quando giunse la luce del giorno. Ma nella stanza silenziosa Roncalli udì distintamente il vecchio chiedergli: "Mi riconosci?". E senza sapere cosa lo spingesse, Roncalli rispose: "Sì, sempre".

Il suo visitatore proseguì: "Sono venuto perché mi hai chiamato. Sei sulla strada giusta, anche se hai ancora molto da imparare. Ma sei pronto?"

Roncalli non ebbe il minimo dubbio. Tutto era stato preparato per lui. Disse: "Ti aspetto, Maestro".

Il vecchio sorrise e chiese tre volte a Roncalli se lo avrebbe riconosciuto di nuovo; e Roncalli rispose tre volte che lo avrebbe fatto.

Nemmeno l'arrivo del mattino rese l'esperienza insolita. Roncalli sapeva che si sarebbe ripetuta, in un modo che le avrebbe conferito un significato non ordinario.

Capì che era giunto il momento quando trovò lo stesso vecchio che lo aspettava fuori dal suo alloggio; sentiva anche che si era creata una situazione più familiare, che spinse Roncalli a chiedergli se voleva unirsi a lui a tavola.

Il vecchio scosse la testa. "Stasera dobbiamo cenare a un altro tavolo". Detto questo, si incamminò, seguito da Roncalli, in un quartiere di strade tranquille e buie che quest'ultimo non aveva mai visto prima. Una stretta apertura conduceva a una porta davanti alla quale Roncalli si fermò, come per istinto, mentre il vecchio gli diceva di salire e aspettarlo.

Oltre l'ingresso c'era una breve rampa di scale, poi un'altra. Non c'era luce, ma nell'oscurità quasi totale sembravano provenire dall'alto delle voci che indicavano a Roncalli di proseguire. Fu fermato da una porta, più piccola delle altre, leggermente socchiusa, e Roncalli, spingendola, si ritrovò in una stanza ampia, di forma pentagonale, con pareti spoglie e due grandi finestre chiuse.

Al centro c'era un grande tavolo di legno di cedro, della stessa forma della stanza. Contro le pareti c'erano tre sedie, una delle quali con una tunica di lino, tre buste sigillate e alcune cinture colorate. Sul tavolo c'era una spada con l'elsa d'argento, la cui lama, nella luce fioca delle tre candele rosse disposte su un candelabro a tre bracci, sembrava infuocata. Altre tre candele in un secondo candelabro a bracci non erano state accese. C'era un incensiere attorno al quale erano legati nastri colorati e tre rose artificiali, fatte di materiale fragile, con i gambi incrociati.

Vicino alla spada e al turibolo c'era una Bibbia aperta, e bastava uno sguardo per vedere che era aperta al Vangelo di San Giovanni, che racconta la missione di Giovanni Battista, passaggi che avevano sempre esercitato un fascino particolare su Roncalli.

"Un uomo apparve da Dio, il cui nome era Giovanni...". Il nome Giovanni acquista un significato speciale nelle società segrete, che si riuniscono il 27 dicembre, festa dell'Evangelista, e il 24 giugno, festa del Battista.

Essi fanno spesso riferimento ai Santi Giovanni.

Roncalli udì dei passi leggeri dietro di sé e si voltò dal tavolo. Era qualcuno che avrebbe dovuto chiamare, come Roncalli lo aveva chiamato, il maestro. Indossava una lunga tunica di lino che arrivava fino a terra e una catena di nodi, da cui pendevano vari simboli d'argento, intorno al collo. Posò una mano guantata di bianco sulla spalla di Roncalli. "Inginocchiati, sul ginocchio destro".

Mentre Roncalli era ancora inginocchiato, il Maestro prese una delle buste sigillate dalla sedia. La aprì in modo che Roncalli potesse vedere che conteneva un foglio di carta blu su cui era scritto un insieme di regole. Prendendo e aprendo una seconda busta, il Maestro passò un foglio simile a Roncalli che, in piedi accanto a loro, vide che vi erano scritte sette domande.

"Ti senti in grado di rispondere?", chiese il Maestro.

Roncalli rispose di sì e restituì il foglio.

Il Maestro lo usò per accendere una delle candele nel secondo portacandele. "Queste luci sono per i Maestri del Passato[7] che sono qui tra noi", spiegò.

Poi recitò i misteri dell'Ordine con parole che sembravano passare nella mente di Roncalli senza rimanervi; eppure, in qualche modo, egli sentiva che avevano sempre fatto parte della sua coscienza. Il Maestro si chinò quindi su di lui.

Ci conosciamo con i nomi che abbiamo scelto per noi stessi. Con quel nome ognuno di noi sigilla la propria libertà e il proprio progetto di lavoro, creando così un nuovo anello nella catena. Quale sarà il tuo nome?

La risposta era pronta. Non ci fu alcuna esitazione.

"Johannes", disse il discepolo. Il suo Vangelo preferito era sempre pronto nella sua mente.

Il Maestro prese la spada, si avvicinò a Roncalli e gli posò la punta della lama sulla testa; al suo tocco, qualcosa che Roncalli poteva solo paragonare a uno stupore squisito, nuovo e irrefrenabile, si riversò in ogni parte del suo essere. Il Maestro percepì il suo stupore.

"Ciò che provi in questo momento, Johannes, molti altri hanno provato prima di te; io stesso, i Maestri del Passato e altri fratelli in tutto il mondo. Tu lo consideri luce, ma non ha nome".

Si scambiarono un saluto fraterno e il Maestro baciò l'altro sette volte. Poi gli sussurrò all'orecchio i segni, i gesti da compiere e i riti da eseguire ogni giorno, in momenti precisi, che corrispondono a determinate fasi del passaggio del sole.

"Esattamente in quei punti, tre volte al giorno, i nostri fratelli in tutto il mondo ripetono le stesse frasi e compiono gli stessi gesti.

---

[7] Si dice che i Maestri siano esseri perfetti, i maestri dell'umanità, che hanno attraversato una serie di iniziazioni per raggiungere uno stato di coscienza superiore.

La loro forza è molto grande e si estende lontano. Giorno dopo giorno i suoi effetti si fanno sentire sull'umanità".

Il Maestro prese la busta sigillata rimasta, la aprì e lesse il contenuto a Johannes. Si trattava della formula del giuramento, con l'impegno solenne di non rivelare i segreti dell'Ordine e di promettere di lavorare sempre per il bene e, cosa più importante di tutte, di rispettare la legge di Dio e dei suoi ministri (una clausola piuttosto ambigua, considerando ciò che implicava l'ambiente in cui vivevano).

Johannes appose il suo nome sul foglio, insieme a un segno e a un numero che il Maestro gli mostrò. Ciò confermava il suo grado e la sua entrata nell'Ordine; e ancora una volta una sensazione di forza soprannaturale pervase il suo essere.

Il maestro prese il foglio, lo piegò sette volte e chiese a Johannes di metterlo sulla punta della spada. Ancora una volta una fiamma improvvisa percorse tutta la lunghezza della lama. Questa si propagò alle candele che ancora illuminavano "i Maestri del Passato".

Le fiamme lo consumarono e il maestro sparse le ceneri. Ricordò poi a Johannes la solennità del giuramento che aveva prestato e come questo gli avrebbe dato un senso di libertà, di vera libertà, che era nota in generale ai confratelli. Quindi baciò Johannes, che era troppo commosso per rispondere con parole o gesti e poteva solo piangere.

Poche settimane dopo Johannes (o Roncalli, come dobbiamo continuare a chiamarlo) fu informato che era ormai sufficientemente esperto nel Culto per partecipare alla fase conclusiva — e quella dell'ingresso nel Tempio.

Il maestro lo preparò per quella che, non gli nascose mai, sarebbe stata una prova difficile; e l'apprensione di Roncalli aumentò quando scoprì che nessuno come lui, un iniziato solo al primo grado, era autorizzato ad entrare nel Tempio *a meno che non gli fosse stato affidato un compito di grande importanza.*

Cosa poteva aspettarsi Roncalli? La visione di una certa sedia, o trono, prese forma nella sua mente mentre si recava al Tempio?

Lì erano riuniti i fratelli, un altro indizio che Roncalli era stato scelto per una missione speciale. Sulle pareti erano scritte le misteriose parole Azorth e Tetrammaton. Quest'ultima sta per il nome terribile, ineffabile e impronunciabile del creatore dell'universo, che si diceva fosse stato inciso sulla faccia superiore del cubicolo, o pietra angolare, nel Santo dei Santi del Tempio di Gerusalemme.

Esso figura nel disegno utilizzato per evocare gli spiriti maligni, o talvolta come protezione da essi, un disegno noto come il grande cerchio magico, tracciato tra due cerchi composti da linee infinite che simboleggiano l'eternità, al cui interno vengono collocati vari oggetti, come un crocifisso, alcune erbe e ciotole d'acqua, che si dice influenzino gli spiriti maligni.

Nel tempio c'era anche una croce, dipinta di rosso e nero, e il numero 666, il numero della Bestia nell'Apocalisse. Le società segrete, consapevoli dell'ignoranza generale che le circonda, sono ora abbastanza sicure di sé da mostrare le loro carte. Il popolo americano sta familiarizzando con il marchio della bestia su moduli, marchi di prodotti pubblicizzati, avvisi pubblici: ed è una semplice coincidenza che il 666 faccia parte del codice utilizzato per indirizzare le lettere ai britannici che prestano servizio (maggio 1982) nell'Atlantico meridionale (durante la guerra con l'Argentina)? Questi numeri, che si dice siano onnipotenti nell'operare miracoli e magie, sono associati al Dio solare dello gnosticismo.

Gli gnostici, una setta fiorita nei primi secoli del cristianesimo, negavano la divinità di Cristo, disprezzavano la rivelazione e credevano che tutte le cose materiali, compreso il corpo, fossero essenzialmente malvagie. Ritenevano che la salvezza potesse essere raggiunta solo attraverso la conoscenza (il loro nome deriva dal greco *gnosis*, "conoscenza" —). Le storie del Vangelo che insegnavano sono allegorie, la cui chiave si trova nella corretta comprensione di Kneph, il dio del sole, rappresentato come un serpente e considerato il padre di Osiride, quindi la prima emanazione dell'Essere Supremo e il Cristo della loro setta.

Roncalli, nel suo ruolo finale e più elevato, per il quale l'iniziazione lo aveva preparato, doveva indossare l'immagine del dio sole circondato da raggi di gloria sul guanto.

I colori rosso e nero erano venerati dagli gnostici e sono stati molto utilizzati dai diabolisti. Sono anche i colori di Kali, la divina Madre della mitologia indù, fornendo così una delle numerose somiglianze che si riscontrano tra le deviazioni dal cristianesimo e i culti precristiani. Si può notare che essi figuravano sugli stendardi del Movimento Anarchico Internazionale, il cui profeta era Mikhail Bakunin (1814-1876), pioniere del libertarismo in opposizione al socialismo di Stato.

Mentre Roncalli osservava i dettagli della stanza, i fratelli avanzarono dai loro posti vicino alle pareti fino a quando non si avvicinarono lentamente e quasi impercettibilmente a lui. Quando formarono una catena, si spinsero in avanti toccandolo con i loro corpi, in segno che la loro forza, provata e dimostrata in cerimonie precedenti, gli veniva trasmessa.

Improvvisamente si rese conto che, senza formularle consapevolmente, gli venivano date parole di potere che sgorgavano da lui con una voce che non riusciva a riconoscere come propria. Ma poteva vedere che tutto ciò che diceva veniva scritto da colui che era stato indicato come il Gran Cancelliere dell'Ordine. Scriveva in francese. Su un foglio di carta blu che recava il titolo "Il cavaliere e la rosa".[8]

A giudicare da questo e da altri indizi, sembrerebbe che Roncalli fosse affiliato alla Rosa Croce, i Rosacroce, una società fondata da Christian Rosenkreutz, un tedesco nato nel 1378. Ma secondo le sue stesse affermazioni, "L'Ordine della Rosa e della Croce esiste da tempo immemorabile, i suoi riti mistici erano praticati e la sua saggezza insegnata in Egitto. Eleusi, Samotracia, Persia,

---

[8] Un resoconto completo dell'iniziazione di Roncalli è riportato in *Les prophéties du pape Jean XXIII,* di Pierre Carpi, pseudonimo di un italiano che potrebbe essere entrato nello stesso Ordine di Roncalli. È stato tradotto in francese, ma è ormai molto difficile da trovare (Jean-Claude Lattes, Alta Books, 1975).

Caldea, India e in terre ancora più lontane, tramandando così ai posteri la Saggezza Segreta dei Tempi Antichi".

Che la sua origine rimanga un mistero è stato sottolineato dal (Primo Ministro) Disraeli, che nel 1841 disse della Società: "Le sue fonti nascoste sfidano ogni ricerca".

Dopo aver viaggiato in Spagna, Damasco e Arabia, dove fu iniziato alla magia araba, Rosenkreutz tornò in Germania e fondò la sua confraternita degli *Invisibili*. In un edificio da loro designato come *Domus Sancti Spiritus*, si dedicarono a studi molto vari, quali i segreti della natura, l'alchimia, l'astrologia, il magnetismo (o ipnotismo, come è meglio conosciuto), la comunicazione con i morti e la medicina.

Si dice che Rosenkreutz sia morto alla veneranda età di 106 anni e che, una volta aperta, la sua tomba, che era andata perduta per molti anni, contenesse segni e simboli magici e manoscritti occulti.

A prima vista, la Turchia può sembrare un paese fuori dal mondo per quanto riguarda le attività di una società segreta.

Ma nel 1911, Max Heindel, fondatore della Rosicrucian Fellowship e della Rosicrucian Cosmo-Conception, scrisse di quel paese in un modo che dimostrava che non sfuggiva all'osservazione di coloro che lavoravano con un occhio al futuro religioso, politico e sociale. "La Turchia", disse, "ha fatto un lungo passo verso la libertà sotto i Giovani Turchi del Grande Oriente".

Negli ultimi decenni abbiamo appreso molto, che prima era nascosto, sui riti, le parole d'ordine e le pratiche delle società segrete. Ma ci sono poche indicazioni sul modo in cui scelgono, tra i loro membri per lo più inattivi, coloro che sono considerati capaci di portare avanti i loro progetti. Una delle loro semplici istruzioni recita: "Devi imparare a governare gli uomini e a dominarli, non con la paura ma con la virtù, cioè osservando le regole dell'Ordine". Ma uno scritto occulto, apparso a New York, è piuttosto più esplicito. "Si stanno conducendo esperimenti, spesso all'insaputa dei soggetti stessi... persone in molti paesi civilizzati sono sotto sorveglianza e viene applicato un metodo di stimolazione e intensificazione dell' e grazie al quale essi porteranno a conoscenza dei Grandi stessi una massa di informazioni che potranno servire da guida per il futuro della razza". Questo era accompagnato da un'osservazione significativa che era anche una promessa per chi era stato giudicato idoneo: "Sei stato a lungo oggetto della nostra osservazione e del nostro studio".[9]

---

[9] *Lettere sulla meditazione occulta.* Di Alice A. Bailey. Era la Grande Sacerdotessa di una scuola occulta ed era associata alla Società delle menti illuminate.

3.

Negli ultimi giorni di dicembre del 1944, Roncalli si preparava a lasciare la Turchia per Parigi, dove era stato nominato nunzio apostolico presso la Quarta Repubblica francese. La guerra era ancora in corso e la differenza tra destra e sinistra, che aveva diviso la Francia, era violentemente in superficie: divenne presto chiaro agli osservatori il cui giudizio non era influenzato dai titoli ecclesiastici che le simpatie innate di Roncalli erano per la sinistra.

Fu su sua raccomandazione che Jacques Maritain fu nominato ambasciatore francese presso la Santa Sede. Maritain era generalmente considerato un pensatore di livello mondiale, sicuramente uno dei più importanti filosofi cattolici. Il pieno impatto del suo "umanesimo integrale" era stato finora temperato dalla sua prospettiva aquiniana. Ma in seguito fu superato da affermazioni sprezzanti come quella secondo cui la regalità sociale di Cristo era stata sufficiente per le menti medievali (e il mentore di Maritain, Tommaso d'Aquino, era stato un medievale), ma non per un popolo illuminato da "strumenti" come le rivoluzioni francese e bolscevica.

Il suo status di filosofo cattolico suscita nuovamente dubbi poiché, secondo la sua stessa testimonianza, non si era convertito per impulso spirituale, né per argomenti teologici o storici, ma per gli scritti di Léon Bloy (1846-1917).

Nonostante lo stile fluido e musicale, gli scritti di Bloy non sono certo il genere di cose che potrebbero convertire qualcuno al cristianesimo. Egli identificava lo Spirito Santo con Satana e descriveva se stesso come profeta di Lucifero, che immaginava seduto in cima al mondo con i piedi ai quattro angoli della terra, controllando tutte le azioni umane ed esercitando un dominio paterno sullo sciame di orribili figli dell'uomo. Rispetto a questa visione di un Lucifero affabile, Dio è visto come un padrone implacabile il cui lavoro finirà con un fallimento definitivo quando Satana lo sostituirà come re.

Secondo la sua stessa confessione, Bloy si convertì a quella che lui e i suoi discepoli chiamavano "cristianesimo" grazie alle farneticazioni di una povera prostituta che aveva delle visioni e che, dopo la sua relazione con Bloy, morì in un manicomio.

Nel 1947 Vincent Auriol fu nominato presidente della Repubblica francese. Era un cospiratore anticlericale, uno di quei radicali anticlericali che trovano una dimora naturale nel continente; eppure lui e Roncalli divennero non solo cordiali collaboratori, come richiedevano i loro uffici, ma anche amici intimi. Ciò non era dovuto alla carità cristiana da una parte e alla cortesia diplomatica dall'altra, ma alla cerimonia che Roncalli aveva vissuto a Istanbul, che aveva stabilito un legame di comprensione tra i due uomini.

Ciò trovò espressione tangibile quando, nel gennaio 1953, l'arcivescovo Roncalli fu elevato al cardinalato e Aural insistette per esercitare il suo diritto tradizionale, in qualità di capo dello Stato francese, di conferire la berretta rossa al nuovo principe della Chiesa. Ciò avvenne durante una cerimonia all'Eliseo, quando Roncalli, seduto sulla sedia (prestata dal museo) su cui era stato incoronato Carlo X, ricevette gli applausi di uomini che avevano giurato di ridurre in polvere lui e tutto ciò che rappresentava, un disegno al quale Roncalli era segretamente legato, anche se con metodi più subdoli per aiutarli.

Tre giorni dopo fu trasferito a Venezia come Patriarca e durante i cinque anni trascorsi lì dimostrò nuovamente, come a Parigi, una certa simpatia per le ideologie di sinistra che a volte lasciavano perplessa la stampa italiana.

Fu durante il pontificato di Pio XII che alcuni sacerdoti che allora lavoravano in Vaticano si resero conto che sotto la superficie non tutto andava bene. Si faceva infatti sentire una strana influenza che non era di loro gradimento, e che essi ricondussero a un gruppo di persone che si erano affermate come esperti, consiglieri e specialisti e che circondavano il Papa così da vicino che si diceva, quasi per scherzo, che fosse loro prigioniero.

Ma i sacerdoti più preoccupati misero in atto una serie di indagini, sia qui che in America, dove il loro portavoce era padre Eustace Eilers, membro della Congregazione Passionista con sede a Birmingham, in Alabama. Ciò portò a stabilire che gli Illuminati stavano facendo sentire la loro presenza a Roma, attraverso infiltrati appositamente addestrati provenienti dalla Germania, vicino al luogo dove Adam Weishaupt aveva vantato il suo piano di ridurre il Vaticano a un guscio vuoto. Che la mano degli Illuminati fosse sicuramente coinvolta divenne più chiaro quando padre Eilers, che aveva annunciato la pubblicazione di quei fatti, fu trovato improvvisamente morto, presumibilmente per uno di quei malori cardiaci che, quando si ha a che fare con società segrete, precedono spesso rivelazioni promesse.

Pio XII morì il 9 ottobre 1958 e il 29 dello stesso mese. Angelo Roncalli, dopo che i cardinali in conclave avevano votato undici volte, divenne il duecentosessantaduesimo papa della Chiesa cattolica. Aveva settantasette anni, ma era di corporatura robusta, in grado di sostenere i sessanta chili di paramenti sacri con cui era stato appesantito per la sua incoronazione, avvenuta il 4 novembre 1958.

4.

L'elezione di Roncalli fu un segnale che scatenò manifestazioni di benvenuto, spesso provenienti dai quartieri più inaspettati, che fecero eco in tutto il mondo. Non cattolici, agnostici e atei concordavano sul fatto che il Collegio dei Cardinali avesse fatto un'ottima scelta, la migliore, in effetti, da molti anni. Aveva scelto un uomo saggio, umile e santo, che avrebbe liberato la Chiesa dalle incrostazioni superficiali e l'avrebbe ricondotta alla semplicità dei tempi apostolici; e, ultimo ma non meno importante tra i vantaggi che promettevano bene per il futuro, il nuovo Papa era di umili origini.

I cattolici più esperti non riuscivano a spiegarsi il calore e l'ammirazione con cui era stato accolto da giornalisti, corrispondenti, emittenti radiofoniche e televisive provenienti da quasi tutti i paesi del mondo che avevano invaso Roma. Finora, infatti, il mondo esterno sapeva ben poco di Angelo Roncalli, se non che era nato nel 1881, era stato Patriarca di Venezia e aveva ricoperto incarichi diplomatici in Bulgaria, Turchia e Francia. Per quanto riguarda le sue umili origini, c'erano già stati papi contadini in passato. La Chiesa poteva accoglierli con la stessa facilità con cui aveva accolto i suoi pontefici accademici e aristocratici.

Ma il mondo laico, come dimostravano alcune delle pubblicazioni più "popolari" in Inghilterra, insisteva che a Roma era accaduto qualcosa di epocale e che era solo la promessa di cose ancora più grandi; mentre i cattolici informati, che per anni avevano difeso la causa della Chiesa, continuavano a grattarsi la testa e a interrogarsi. Erano forse trapelate alcune informazioni, non a coloro che avevano sempre sostenuto la religione, ma a coloro che avevano servito frammenti di verità, o nessuna verità, per titillare e fuorviare il pubblico?

Un sacerdote irlandese che si trovava a Roma in quel periodo disse del clamore suscitato dai dettagli intimi riguardanti Roncalli: "I giornali, la radio, l' e televisiva e le riviste non riuscivano proprio a ottenere abbastanza informazioni sul background e sulla carriera, sulla famiglia e sulle attività del nuovo Santo Padre. Giorno dopo giorno, dalla chiusura del conclave all'incoronazione, dal suo primo messaggio radiofonico all'apertura del Concistoro, le osservazioni e le attività del nuovo Papa venivano riportate con dettagli appariscenti affinché tutto il mondo potesse vederle".[10]

L'interesse fu alimentato dalle speculazioni quando si seppe che il nuovo Papa desiderava essere chiamato Giovanni XXIII. Era in memoria di suo padre, che si chiamava Giovanni, o per rispetto verso Giovanni Battista? O forse per sottolineare la sua disponibilità a sfidare o addirittura a sconvolgere la visione tradizionale? Giovanni era stato un nome molto amato da molti Papi. Ma perché mantenere la numerazione?

C'era stato infatti un precedente Giovanni XXIII, un antipapa deposto nel 1415. Ha una tomba nel battistero di Firenze e il suo ritratto è apparso fino a pochi anni fa *nell'Annuario Pontificio*, l'annuario della Chiesa. Da allora è stato rimosso. Non sappiamo nulla di positivo su di lui, poiché l'unico risultato documentato, se si può credere alle parole di un reprobo così prezioso, è quello di aver sedotto più di duecento donne, compresa sua cognata.

Nel frattempo, all'estero si diffondeva la sensazione che la Chiesa fosse vicina a una rottura con il passato tradizionale. Aveva sempre dimostrato un orgoglioso rifiuto di lasciarsi influenzare dall'ambiente circostante. Era stata protetta, come da un'armatura invisibile, dalle mode del tempo. Ma ora mostrava la disponibilità a sottoporsi a una riforma autoimposta, drammatica quanto quella che le era stata imposta nel XVI secolo. Alcuni la consideravano un aggiornamento della dottrina cristiana, un processo di riconversione auspicabile e inevitabile,

---

[10] *Giovanni XXIII, il Papa dei campi*, di padre Francis X. Murphy. (Hebert Jenkins, 1959.)

in cui una cattolicità più profonda e in continua espansione avrebbe sostituito il cattolicesimo più antico e statico del passato.

Un tale cambiamento era stato cautamente prefigurato in una delle prime dichiarazioni di Giovanni XXIII, quando disse: "Da oriente e d'occidente soffia un vento, nato dallo spirito che risveglia l'attenzione e la speranza in coloro che sono adornati del nome di cristiani".

Le parole del "Papa buono" (quanto rapidamente acquisì questa valutazione elogiativa) non erano solo profetiche.

Essa parlava infatti dei cambiamenti nella Chiesa, un tempo monumentale, che sarebbero stati avviati da lui stesso.

5.

I collezionisti americani di cimeli ecclesiastici avranno notato, subito dopo l'elezione di Papa Giovanni, che alcuni oggetti erano in vendita su alcuni giornali. Erano descritti come copie della croce personale scelta e approvata da Giovanni XXIII.

Queste croci non avevano nulla a che vedere con la croce pettorale che ogni Pontefice e Vescovo porta al collo come segno dell'autorità episcopale. Sono fatte d'oro, ornate di pietre preziose e ciascuna contiene una reliquia sacra. Prima di indossarla, il prelato recita una preghiera prescritta in memoria della Passione e implora la grazia di vincere le insidie del Maligno durante tutta la giornata.

Ma la croce che fu presentata al pubblico americano, sotto il patrocinio di Roncalli, aveva connotazioni molto diverse. Al centro, invece di una raffigurazione della figura crocifissa, c'era l'occhio onniveggente degli Illuminati, racchiuso in un triangolo o piramide; e queste croci, pubblicizzate su *The Pilot* e *The Tablet*, i giornali diocesani di Brooklyn e Boston, erano in vendita a duecentocinquanta dollari l'una, in linea con la mancanza di dignità e riverenza che stava diventando proverbiale.

Coloro che comprendevano il significato dei simboli mistici e quanto profondamente ci influenzano, hanno nuovamente rivolto la loro attenzione al volto solare raffigurato sul guanto di John. Esso ricordava il disegno utilizzato dagli adoratori pagani del sole, mentre il gesto di tendere una mano con le dita aperte sulla congregazione poteva anche essere interpretato come un'invocazione alla luna bianca, parte di un codice esoterico che ha sempre avuto seguaci.

A coloro che pensano che tali suggestioni rasentino il ridicolo, basta ricordare che migliaia di tranquilli uomini d'affari con la bombetta, nel corso della loro carriera, hanno compiuto rituali e adottato simboli che fanno sembrare molto innocui quelli sopra citati.

Per la gente comune, tuttavia, la piramide, senza rinunciare minimamente al suo significato originale, è ormai un simbolo rispettabile e innocuo. È solo una decorazione. Ma è una decorazione che entra in circolazione ogni volta che cambia di mano una banconota da un dollaro americano.

Sul retro della banconota, infatti, c'è l'occhio segreto racchiuso in una piramide e la data 1776. Ci sono anche le parole *Annuit Coeptis, Novus Ordo Seclorum*.

La data 1776 potrebbe non significare altro per chi non sospetta nulla se non che è l'anno della Dichiarazione di Indipendenza americana, redatta da Thomas Jefferson.

È vero. Ma cosa significano i simboli che compaiono anche sul retro del Grande Sigillo degli Stati Uniti? Perché sono stati scelti? Il 1776 è anche l'anno in cui Adam Weishaupt fondò la sua confraternita. Thomas Jefferson, come il suo collega politico Benjamin Franklin, era un fervente illuminista.

Le parole citate sopra possono essere tradotte come segue: "Egli (Dio) ha approvato la nostra impresa, che è stata coronata dal successo. È nato un nuovo ordine dei secoli".

È stato dimostrato più volte che il futuro del mondo non è nelle mani dei semplici politici, ma di coloro che hanno il potere, occulto e alleato al potere finanziario internazionale, di manipolare gli eventi secondo i loro piani; e noi del tempo presente abbiamo assistito all'avvento del loro nuovo ordine in diversi settori della vita, compresi quello religioso, politico e sociale. Prima che l'attuale propaganda che enfatizza il ruolo delle donne diventasse popolare, l'autorità occulta Oswald Wirth parlava delle donne che "non hanno paura" di adottare riti e costumi maschili e di come, una volta ottenuto il pieno potere, gli uomini si conformeranno alle loro direttive. Questo processo è in atto sotto i nostri occhi.

Il termine "nuovo" viene propagato come se implicasse necessariamente un netto miglioramento rispetto a ciò che è esistito in precedenza. Ha raggiunto importanza politica nel 1933, l'anno in cui fu istituito il New Deal di Roosevelt; ed è stato proprio in quello stesso anno che l'insegna degli Illuminati, con le parole che si riferiscono al "nuovo ordine dei secoli", è apparsa sul retro della banconota da un dollaro americano. La loro attuazione sta ora prendendo forma nella formazione di un nuovo Ordine Mondiale Unico in cui, secondo le previsioni, diverse nazioni, razze, culture e tradizioni saranno assorbite fino a scomparire.

Parte terza

> *Sono certo che quando nel Concilio pronunciai le parole rituali "Exeunt Omnes" (tutti fuori), colui che non obbedì era il Diavolo. Egli è sempre presente dove regna la confusione, per fomentarla e trarne vantaggio.*
>
> Cardinale Pericle Felici,
> Segretario Generale del Concilio.

Con una lungimiranza davvero sorprendente, frutto della loro sicurezza, le società segrete avevano deciso da tempo come avrebbero cambiato le rivendicazioni e il carattere della Chiesa cattolica, per poi provocarne la caduta. Più di un secolo fa avevano capito che la politica di infiltrazione, grazie alla quale i loro uomini stavano entrando nelle più alte cariche della struttura ecclesiastica, aveva avuto successo; ora potevano delineare la natura della fase successiva da realizzare.

Parlando come uno dei principali cospiratori che era "al corrente", Giuseppe Mazzini (1805-72) disse: "Ai nostri tempi l'umanità abbandonerà il Papa e ricorrerà a un Concilio Generale della Chiesa". Mazzini non era immune al dramma della situazione anticipata e continuò parlando del "Cesare papale" pianto come vittima sacrificale e di una fine esecutiva.

Una nota simile fu battuta da Pierre Virion, che scrisse in *Mystère d'Iniquité:* "Si profila un sacrificio che rappresenta un solenne atto di espiazione... Il papato cadrà. Cadrà sotto, il coltello sacro che sarà preparato dai Padri dell'ultimo Concilio".

Un ex canonista, Roca, che era stato sospeso a divinis per eresia, fu più esplicito. "Dovete avere un nuovo dogma, una nuova religione, un nuovo ministero e nuovi rituali che assomiglino molto a quelli della Chiesa che si è arresa". E Roca non stava semplicemente esprimendo una speranza, ma descrivendo un processo. "Il culto divino diretto dalla liturgia, dal cerimoniale, dai rituali e dai regolamenti della Chiesa cattolica romana subirà presto una trasformazione in un Concilio ecumenico".

Una sera all'inizio del 1959, quando era Papa da appena tre mesi, Giovanni XXIII stava passeggiando nei Giardini Vaticani.

Le sue passeggiate lente e pesanti sotto le querce e gli ippocastani, dove Pio IX aveva cavalcato il suo mulo bianco, furono improvvisamente interrotte da quello che definì un impulso della Divina Provvidenza, una risoluzione che gli giunse dall'aldilà e di cui riconobbe l'impatto.

Un Concilio - quasi sussurrò le parole - avrebbe convocato un Concilio Ecumenico Generale della Chiesa.

In seguito disse che l'idea non era stata ispirata da alcuna rivelazione dello Spirito Santo, ma da una conversazione avuta con il cardinale Tardini, allora Segretario di Stato, verso la fine dell'anno precedente. Il loro colloquio aveva verteva su cosa si potesse fare per presentare al mondo un esempio di pace universale. Ma c'era ancora una certa confusione sull'origine del pensiero, poiché papa Giovanni disse in seguito di averlo formulato lui stesso, per far entrare un po' d'aria fresca nella Chiesa.

I concili del passato erano stati convocati per risolvere qualche crisi nella Chiesa, qualche questione scottante che minacciava una scissione o confondeva l'opinione pubblica. Ma all'inizio del 1959 non c'era nessuna questione urgente, relativa alla dottrina o alla disciplina, che richiedesse una risposta. La Chiesa esigeva il tradizionale tributo di fedeltà, negligenza o antagonismo. Non sembrava esserci alcuna necessità di convocare un Concilio. Perché gettare un sasso in acque tranquille che, prima o poi, sarebbero state turbare da ovvie necessità? Ma il 25 gennaio Papa Giovanni annunciò la sua intenzione al Collegio dei Cardinali dell' e; e la risposta che suscitò nel mondo secolare rese presto chiaro che non si sarebbe trattato di un Concilio ordinario.

La stessa pubblicità senza precedenti che aveva caratterizzato l'elezione di Giovanni XXIII accolse il progetto. Fu presentato come una questione importante non solo per il mondo non cattolico, ma anche per quegli elementi che si erano sempre opposti con forza alle pretese, al dogma e alla pratica papale. Ma pochi si stupirono di questo improvviso interesse da parte degli agnostici; ancora meno avrebbero sospettato un motivo nascosto. E se una piccola voce che esprimeva dubbi riuscì a farsi sentire, fu presto messa a tacere mentre proseguivano i preparativi per la prima sessione del Concilio.

Essi occuparono due anni e consistettero nella redazione di bozze, o schemi, di decreti i e costituzioni che potevano essere ritenuti meritevoli di modifica. Ogni membro del Concilio, che sarebbe stato composto da vescovi provenienti da ogni parte del mondo cattolico e presieduto dal Papa o dal suo legato, poteva votare per l'accettazione o la reiezione della questione discussa; e ciascuno era invitato a inviare un elenco di argomenti discutibili.

Alcuni giorni prima dell'apertura del Concilio, sembrava che le autorità responsabili avessero ottenuto l'assicurazione che a questo evento, prevalentemente cattolico, sarebbe stata riservata una pubblicità superiore alla norma. Fu allestito un ufficio stampa molto ampliato di fronte a San Pietro. Il cardinale Cicognani officiò l'inaugurazione e diede la sua benedizione; i giornalisti accorsero in massa.

Tra questi c'era un numero sorprendente di comunisti atei che arrivarono, come cacciatori, aspettandosi di essere "in prima fila" per l'uccisione. La *Gazzetta Letteraria Sovietica*, che non era mai stata rappresentata prima d'allora in alcun raduno religioso, fece il passo sorprendente di inviare un corrispondente speciale nella persona di un certo M. Mchedlov, che si aprì la strada a Roma esprimendo la più sentita ammirazione per il Papa. Due connazionali di Mchedlov erano presenti, un giornalista dell'agenzia di stampa sovietica *Tass* e un altro del periodico moscovita che si chiamava francamente *Comunista*. Un altro membro di spicco del clan bolscevico era M. Adjubei, che oltre ad essere redattore *dell' e Izvestia* era genero del primo ministro sovietico Krusciov.

Fu accolto calorosamente dal Buon Papa Giovanni, che lo invitò a un'udienza speciale in Vaticano. La notizia di questa promettente accoglienza fu inviata a Krusciov, che manifestò immediatamente l'intenzione di inviare gli auguri al Papa il 25 novembre 1963, giorno del suo prossimo compleanno. Un numero imprecisato di italiani, una volta ripresisi dalla sorpresa di vedere il capo della Chiesa in rapporti amichevoli con i propri nemici, decise di votare a favore del comunismo alla prima occasione utile.

Questa risoluzione fu rafforzata quando un numero speciale di *Propaganda*, l'organo del Partito Comunista Italiano, contribuì ad amplificare il coro di elogi per il prossimo Concilio. Un evento del genere, diceva, sarebbe stato paragonabile all'apertura degli Stati Generali, che diede il via alla Rivoluzione francese nel 1789. Con lo stesso tema in mente, il giornale paragonò la Bastiglia (caduta nello stesso anno) al Vaticano, che stava per essere scosso dalle fondamenta.

Un altro sostegno da sinistra venne da Jacques Mitterrand, Gran Maestro del Grande Oriente francese, che sapeva di poter lodare in anticipo e senza rischi Papa Giovanni e gli effetti del Concilio in generale.

Tra gli osservatori ortodossi russi c'era il giovane vescovo Nikodim che, pur mantenendo una rigorosa posizione religiosa, era apparentemente libero di attraversare la cortina di ferro.

Altri due vescovi della sua parte del mondo, uno ceco e uno ungherese, si unirono a lui e al cardinale Tisserant in un incontro segreto che si tenne in un luogo vicino a Metz, poco prima della prima sessione del Concilio. Nikodim, una figura piuttosto oscura, va ricordato poiché ricompare più avanti in queste pagine.

Oggi sappiamo che i russi imposero le loro condizioni per partecipare al Concilio. Intendevano utilizzarlo come mezzo per ampliare la loro influenza nel mondo occidentale, dove il comunismo era stato condannato trentacinque volte da Pio XI e ben 123 volte dal suo successore Pio XII. I papi Giovanni e Paolo VI avrebbero seguito l'esempio, ma entrambi, come vedremo, con un e ironia. Era ormai politica russa fare in modo che le bolle di scomunica emesse contro i cattolici che aderivano al Partito Comunista fossero messe a tacere e che non venissero sferrati ulteriori attacchi al marxismo durante il Concilio. Su entrambi i punti il Cremlino fu obbedito.

Il Concilio, composto da 2.350 vescovi, sessanta dei quali provenienti da paesi controllati dalla Russia, si aprì l'11 ottobre 1962.

Formavano un corteo imponente, con la più grande schiera di mitre mai vista ai nostri giorni, mentre i loro proprietari attraversavano la porta di bronzo di San Pietro; guardiani della fede, protettori della tradizione, in marcia; uomini assertivi, sicuri della loro posizione e quindi capaci di ispirare fiducia e opposizione... O almeno così apparivano. Pochi di coloro che li vedevano potevano immaginare che molti di quei padri solenni e riveriti erano, secondo le regole della Chiesa di cui indossavano i paramenti e per volere della quale si erano riuniti, scomunicati e anatema. Il solo accenno all' o avrebbe suscitato risate.

2.

Terminati i preliminari, i membri del Concilio erano liberi di interrogarsi, discutere e confrontare le loro opinioni mentre si riunivano nei vari bar che erano stati aperti; e già un'atmosfera più sobria e riflessiva, diversa da quella con cui molti avevano accolto la convocazione del Concilio, stava per diffondersi nell'assemblea. In alcuni casi si trattava quasi di disillusione. Non era solo una questione di lingua, anche se naturalmente se ne parlavano molte diverse. Ma alcuni dei presenti sembravano avere scarse conoscenze non solo del latino, ma anche degli elementi essenziali della loro fede. Il loro background non era quello dei cattolici ortodossi e tradizionali; e coloro che facevano parte di quel background e che conoscevano bene gli scritti di Heidegger e Jean-Paul Sartre potevano cogliere, nelle dichiarazioni e persino nelle osservazioni casuali di troppi prelati, le ambiguità e la mancanza di autorità tipiche degli uomini che sono il prodotto del pensiero moderno.

Inoltre, alcuni hanno fatto sapere di non credere nella transustanziazione e quindi nella Messa. Tuttavia, hanno mantenuto fermamente l'orgoglio di Nietzsche per la vita e la deificazione della ragione umana, rifiutando l'idea di un Assoluto e il concetto di creazione.

Un vescovo latinoamericano ha espresso con moderazione il suo sconcerto dicendo che molti dei suoi colleghi prelati sembrano aver perso la fede. Un altro era francamente inorridito nello scoprire che alcuni con cui aveva parlato, e che avevano solo temporaneamente messo da parte la mitra, disprezzavano qualsiasi riferimento alla Trinità e alla nascita verginale. Il loro background non aveva nulla a che vedere con la filosofia tomista, e un veterano della Curia, abituato alla fermezza del selciato romano, liquidò i Padri conciliari definendoli "duemila buoni a nulla". Tra i più amaramente disillusi, c'era , che affermò che avrebbe fatto solo un'apparizione simbolica per una settimana o due, per poi tornare a casa.

I rappresentanti del Medio Oriente ricordarono un avvertimento pronunciato da Salah Bitah, primo ministro siriano, quando seppe che il Concilio era stato convocato. Aveva motivo di credere che il Concilio non fosse altro che un "complotto internazionale". Altri sostenevano questa definizione presentando un libro, che era stato loro consegnato all'atterraggio all'aeroporto, in cui si diceva che il Concilio faceva parte di un piano per distruggere la dottrina e la pratica della Chiesa e, in ultima analisi, l'istituzione stessa.

Il tono generale del Consiglio fu presto definito, con i "buoni a nulla", o progressisti, come vennero chiamati, che chiedevano a gran voce la modernizzazione e una revisione dei valori all'interno della Chiesa, e un'opposizione molto meno attiva e molto meno rumorosa da parte dei loro oppositori tradizionalisti, o ortodossi. La differenza tra le due parti fu sottolineata all'apertura della prima sessione, quando i progressisti indirizzarono al mondo il loro messaggio particolare, per assicurarsi che il Concilio "partisse con il piede giusto".

Papa Giovanni seguì dichiarando che le ceneri di San Pietro erano in "mistica esaltazione" a causa del Concilio. Ma non tutti i suoi ascoltatori, e certamente non i conservatori tra loro, sorridevano. Forse intuivano già la sconfitta guardando alcuni cardinali, Suenens, Lienart, Alfrink, e teologi di spicco come il domenicano Yves Congar, che collaborava con giornali di sinistra francesi; l'ultra-liberale Schillebeeckx, anch'egli domenicano e professore di teologia dogmatica all'Università di Nimega; e Marie-Dominique Chenu, i cui scritti, come quando affermò che "la grande analisi di Marx arricchisce sia il presente che il futuro con la sua corrente di pensiero", avevano fatto aggrottare le sopracciglia a Pio XII; tutti alla ricerca del progresso e poco attenti nella scelta delle armi da usare per raggiungerlo.

Un'altra di queste figure influenti era Montini, arcivescovo di Milano, che redasse e supervisionò i documenti relativi alle prime fasi del Concilio, denominate " ". La sua reputazione cresceva di giorno in giorno. Era chiaramente un uomo del futuro.

Il silenzio della minoranza passiva, un silenzio che ammetteva la sconfitta fin dall'inizio, fu comunicato a Papa Giovanni, che lo attribuì al timore reverenziale e alla solennità ispirati dall'occasione.

3.

Queste pagine non intendono riassumere il lavoro quotidiano del Concilio. Cercheranno invece di fornire u e per evidenziare con quanta fedeltà il Concilio abbia realizzato gli scopi dei progressisti, dei liberali, degli infiltrati (chiamateli come volete) che lo avevano voluto; e l'atteggiamento meno efficiente e meno determinato dei loro oppositori.

Il primo gruppo, composto in gran parte da vescovi di lingua tedesca, era stato fin dall'inizio attivo dietro le quinte. Aveva avuto udienze con il Papa e discusso i cambiamenti nella liturgia e altri argomenti che aveva in mente. Hanno modificato il regolamento per adattarlo alla loro politica e hanno fatto in modo che le varie commissioni fossero composte da persone che condividevano la loro visione. Hanno distorto o soppresso qualsiasi questione che non fosse funzionale ai loro scopi. Hanno bloccato la nomina di oppositori a qualsiasi posizione in cui potessero far sentire la loro voce, hanno scartato le risoluzioni che non gradivano e si sono appropriati dei documenti su cui si basavano le deliberazioni.

Erano sostenuti dalla stampa, che era, ovviamente, controllata dallo stesso potere che alimentava le fiamme dell'infiltrazione. Oltre a ciò, i vescovi tedeschi finanziavano la propria agenzia di stampa. E così, nei resoconti che giungevano al pubblico, i vescovi di sinistra erano descritti come uomini onesti, brillanti e di intelletto superiore, mentre quelli del campo opposto erano stupidi, deboli, testardi e antiquati. La sinistra, inoltre, aveva alle spalle il potere del Vaticano e un settimanale scritto da Montini, che dava il tono al modo in cui le questioni controverse sarebbero state risolte dal Concilio. Le sue osservazioni sulla riforma liturgica furono diffuse dalla stampa e accolte con favore da coloro che desideravano vedere la Messa ridotta al livello di un pasto tra amici.

Guardando indietro a quel periodo, non si può fare a meno di stupirsi della negligenza o della debolezza con cui i loro oppositori tradizionalisti o ortodossi affrontarono mosse che, per uomini della loro professione, minacciavano lo scopo stesso della loro esistenza. Non ignoravano ciò che era stato pianificato e ciò che stava accadendo. Sapevano che una potente quinta colonna, composta in gran parte da membri della gerarchia ecclesiastica, stava lavorando per la caduta della Chiesa occidentale. Ma non fecero altro che osservare il protocollo e superare il risentimento che provavano con un'obbedienza innata. Era quasi come se (ammettendo che la moralità fosse dalla loro parte) volessero esemplificare il detto: "Gli uomini buoni sono deboli e stanchi; sono i mascalzoni che sono determinati".

Un fattore che contribuì a decidere la situazione fu l'età. La maggior parte dei padri conciliari appartenenti alla vecchia scuola tradizionale aveva ormai superato il fiore degli anni e ora, come il cardinale Ottaviani, il cui nome un tempo era stato autorevole nella Curia, contava poco più di una retroguardia quasi disprezzata.

Un riconoscimento inconscio di questo fatto fu dato da un altro di loro, l'anziano vescovo di Dakar, che scuoteva la testa di fronte al metodo dittatoriale con cui i modernisti, anche nelle fasi preliminari del Concilio, spazzavano via tutto davanti a sé. "È stato organizzato da una mente geniale", diceva.

Da parte loro, i modernisti erano francamente sprezzanti di tutto ciò che veniva proposto dagli elementi ortodossi del Concilio. Quando una delle loro proposte fu sottoposta a una discussione preliminare, un "padre conciliare aggiornato" dichiarò che chi l'aveva avanzata "meritava di essere spedito sulla luna". Ma anche così gli osservatori russi, nonostante i primi segnali che il Concilio fosse pronto a seguire la linea comunista, non erano del tutto soddisfatti, anche se Giovanni XXIII era lodato per aver mantenuto la sua indipendenza e per non essere diventato uno strumento della destra.

Tuttavia, il corrispondente della Tass deplorava la presenza di troppi "reazionari evidenti" nell'assemblea, un sentimento condiviso da M. Mchedlov, che aggiungeva: "Finora i conservatori irriducibili non sono riusciti a prevalere. Non sono riusciti a trasformare la Chiesa in uno strumento della loro propaganda reazionaria".

4.

Tra la fine della prima sessione del Concilio, il 1° dicembre 1962, e l'apertura della seconda sessione, il 29 settembre dell'anno successivo, Papa Giovanni, dopo una lunga malattia, esalò l'ultimo respiro la sera di lunedì 3 giugno 1963; e ogni forma di pubblicità, che nelle settimane precedenti aveva fornito un resoconto minuzioso del letto di morte a Roma, si mise nuovamente in moto per esaltare un uomo che aveva servito fedelmente lo scopo per cui gli era stata affidata la cattedra di Pietro e aveva messo in moto una serie di eventi volti a realizzare, a spese della Chiesa, gran parte degli obiettivi determinati dalle società segrete nel corso dei secoli.

Un membro di spicco della cospirazione che aveva favorito Giovanni XXIII, l'ex dottore in diritto canonico Roca, commentò seccamente: "Il vecchio Papa, dopo aver rotto il silenzio e dato inizio alla tradizione delle grandi controversie religiose, va alla tomba"; mentre un tributo rivelatore, che dovrebbe aprire gli occhi a chiunque trovi ancora offensivo il riferimento a un complotto, è stato scritto da Charles Riandey, sovrano Gran Maestro delle società segrete, nella prefazione a un libro di Yves Marsaudon,[11] , ministro di Stato del Supremo Consiglio delle società segrete francesi: "Alla memoria di Angelo Roncalli, sacerdote, arcivescovo di Messamaris, nunzio apostolico a Parigi, cardinale della Chiesa romana, patriarca di Venezia, papa con il nome di *Giovanni XXIII*, che ha degnato di darci la sua benedizione, la sua comprensione e la sua protezione" (*il corsivo è mio*).

---

[11] *L'ecumenismo visto da un massone francese.* (Parigi, 1969).

Una seconda prefazione al libro era indirizzata al "suo augusto continuatore, Sua Santità Papa Paolo VI".

Mai prima d'ora la scomparsa di un Papa, nella persona di Giovanni XXIII, era stata così ampiamente seguita. Giornalisti incalliti piangevano alla notizia. Le dita dei cronisti, abituati alle notizie sensazionali, brancolavano sui tasti delle macchine da scrivere. Solo pochissimi, che sapevano cosa era successo nella stanza buia di Istanbul, rimanevano a testa alta e con la mente libera dalla propaganda, riflettendo che Angelo Roncalli era davvero, come dicevano i devoti, "andato a ricevere la sua ricompensa".

La questione del suo successore non fu mai seriamente messa in discussione. La convocazione del conclave fu poco più che una formalità. Le stesse voci che avevano elogiato il rosicchiano Giovanni XXIII ora chiedevano a gran voce Montini, Montini di Milano. Gli anglicani, che non avevano tempo per un Papa con o senza politica, concordarono che Montini era l'uomo giusto.

Era stato infatti preparato e istruito per l'incarico da papa Giovanni, che lo aveva nominato suo primo cardinale, mentre Pio XII aveva sempre negato la berretta cardinalizia a chi sapeva essere filocomunista. Montini era stato l'unico cardinale non residente che Giovanni aveva invitato a vivere in Vaticano, dove avevano avuto colloqui intimi e informali sui risultati che entrambi si aspettavano dal Concilio; e Papa Giovanni aveva riempito il Collegio cardinalizio per assicurarsi che Montini, come suo successore, continuasse a promulgare i decreti eretici che entrambi favorivano.

Le proteste più accese contro l'elezione furono quelle di Joaquin Saenz Arriaga, dottore in filosofia e in diritto canonico, che intuì il pericolo nel fatto che gran parte del sostegno a Montini proveniva da commentatori laici che non si preoccupavano del bene della Chiesa, ma della sua rovina. Alcune delle sue credenziali e qualifiche erano state ritenute esagerate o false.

Tuttavia, la decisione di un conclave, stabilita dall'uso, non poteva essere messa in discussione; e Montini, che prese il nome di Paolo VI, fu eletto il 23 giugno 1963.

5.

Giovanni Battista Montini era uno di quei socialisti che, pur essendo nati in circostanze tutt'altro che umili, sono pronti a risentirsi al minimo segno di privilegio negli altri. Nacque il 26 settembre 1897, nel nord Italia, in una famiglia di professionisti (probabilmente di origine ebraica) che, più di un secolo prima, era stata accolta negli annali della nobiltà romana.

Suo padre, Giorgi Montini, un importante democratico cristiano, apparteneva con ogni probabilità a una società segreta, il che spiega in parte l'impegno successivo del figlio. Mostrando fin da giovane il desiderio di entrare in Chiesa, il giovane Giovanni era di costituzione così delicata che gli fu permesso di studiare a casa invece che in seminario, il che gli lasciò libero di sviluppare tendenze sociali e politiche che non erano quelle di un servitore della Chiesa normalmente formato e disciplinato.

Quando assunse il suo primo incarico regolare come cappellano universitario a Roma, era già un uomo di sinistra affermato. Ciò non gli impedì tuttavia di distinguersi per la sua capacità di affermarsi in un ambiente conservatore, fino a diventare Segretario di Stato ad interim sotto Pio XII.

Montini era da tempo un ammiratore delle opere del filosofo Jacques Maritain, il cui sistema di "umanesimo integrale", con il suo rifiuto della fede autoritaria e dogmatica a favore di una fraternità mondiale " " che includesse anche i non credenti, aveva ottenuto l'approvazione di Giovanni XXIII.

Secondo Maritain, l'uomo era essenzialmente buono, una visione che lo rendeva meno sensibile alla distinzione fondamentale esistente tra le forme di esistenza secolari create dall'uomo e le esigenze imposte dalla fede nella natura divina di Cristo e della Chiesa.

Sia Maritain che Montini rifiutavano la visione tradizionalista della Chiesa come unico mezzo per raggiungere la vera unità mondiale. Ciò poteva sembrare vero in passato, ma ora era nato un mondo nuovo, più sensibile e capace di risolvere i problemi sociali ed economici. E Montini, che Maritain considerava il suo discepolo più influente, espresse il pensiero di entrambi quando disse: "Non preoccupatevi delle campane delle chiese. Ciò che è necessario è che i sacerdoti siano in grado di sentire le sirene delle fabbriche, di comprendere i templi della tecnologia dove vive e prospera il mondo moderno". Esiste un documento il cui contenuto, per quanto mi risulta, è stato raramente o mai reso pubblico. È datato 22 settembre 1944, dopo essere stato redatto il 28 agosto dello stesso anno sulla base di informazioni fornite il 13 luglio. Ora fa parte degli archivi dell'Office of Strategic Services, poi diventato Central Intelligence Office, la C.I.A.[12]

È intitolato: "Togliatti e il Vaticano stabiliscono i primi contatti diretti" e tratta dei piani di rivoluzione sociale ed economica che erano stati elaborati tra la Chiesa e uno dei suoi nemici più accaniti, il Partito Comunista.

Ecco cosa si legge: "Il 10 luglio, nella casa di un ministro democristiano, il segretario di Stato ad interim del Vaticano, monsignor Giovanni Montini, ha conferito con Togliatti, ministro comunista senza portafoglio del governo Bonomi. La loro conversazione ha ripercorso i motivi che hanno portato alla comprensione reciproca tra il Partito Democratico Cristiano e il Partito Comunista.

Fin dal suo arrivo in Italia, Togliatti aveva avuto incontri privati con esponenti politici della Democrazia Cristiana. Questi contatti costituivano il contesto politico del discorso pronunciato da Togliatti al Teatro Brancaccio domenica 9 luglio e spiegano la calorosa accoglienza riservata al discorso dalla stampa cattolica.

"Attraverso i leader del Partito Democratico Cristiano, Togliatti ha potuto trasmettere al Vaticano la sua impressione

---

[12] Mi è stato segnalato dal signor Michael Gwynn della Britons Library.

sull'opinione di Stalin sulla libertà religiosa, ora accettata dal comunismo, e sul carattere democratico dell'accordo tra la Russia e le nazioni alleate. D'altra parte, la Santa Sede ha raggiunto Togliatti attraverso gli stessi canali e ha espresso la sua opinione sul futuro accordo con la Russia sovietica in materia di comunismo in Italia e in altre nazioni.

"La discussione tra Monsignor Montini e Togliatti fu il primo contatto diretto tra un alto prelato del Vaticano e un leader del comunismo. Dopo aver esaminato la situazione, riconobbero la possibilità pratica di un'alleanza contingente tra cattolici e comunisti in Italia, che avrebbe dato alle tre parti (democratico-cristiana, socialista e comunista) la maggioranza assoluta, consentendo loro di dominare qualsiasi situazione politica.

Fu redatto un piano provvisorio che costituiva la base su cui poter stipulare un accordo tra il Partito Democratico Cristiano e i partiti comunista e socialista. Fu inoltre elaborato un piano delle linee fondamentali su cui poter costruire un'intesa pratica tra la Santa Sede e la Russia, nelle loro nuove relazioni".

In sintesi, Montini informò Togliatti che la posizione anticomunista della Chiesa non doveva essere considerata definitiva e che molti nella Curia desideravano avviare colloqui con il Cremlino.

Questi incontri con il nemico non piacevano a Pio XII, che guardava con crescente sfavore al suo Segretario di Stato ; Montini, da parte sua, cercava una falla nell'armatura del Papa. La trovò nel fatto che Pio aveva assicurato incarichi lucrativi ad alcuni dei suoi nipoti; e Montini sfruttò questa prova del nepotismo papale per tutto il suo valore, con grande gioia dei suoi compagni socialisti e anticlericali.

Pio reagì licenziando Montini dal suo incarico confidenziale e mandandolo al nord come arcivescovo di Milano. Quella carica era stata precedentemente ricoperta, di diritto, da un cardinale, ma fino al 1958 non ci fu il cappello rosso per Montini.

Lì era libero di dare libero sfogo alle sue simpatie politiche, che si spostarono sempre più chiaramente a sinistra. Alcuni dei suoi scritti, apparsi sul giornale diocesano *L'Italia*, resero alcuni dei suoi sacerdoti diffidenti nei confronti del loro superiore e in breve tempo più di quaranta di loro ritirarono l'abbonamento al giornale. Ma la loro disapprovazione significava poco o nulla per Montini che, con Maritain alle spalle, aveva trovato un sostenitore più attivo delle sue opinioni ultraliberali.

Si trattava di Saul David Alinsky, un tipico rappresentante del tipo di agitatore che finge di nutrire un profondo risentimento nei confronti dei circoli capitalistici in cui si muove con estrema cautela e grazie ai cui benefici prospera.

Montini rimase così impressionato dal tipo di insegnamento rivoluzionario di Alinsky – era noto come l'apostolo della rivoluzione permanente – che i due trascorsero due settimane insieme, discutendo su come allineare al meglio le richieste della Chiesa e quelle dei sindacati comunisti. Va sottolineato che Alinsky era altrettanto fortunato nelle relazioni personali quanto lo era con i suoi finanziatori. Alla fine dei loro colloqui, infatti, Montini dichiarò di essere lieto di considerarsi uno dei migliori amici di Alinsky, mentre Jacques Maritain, in uno stato d'animo che rivelava l'ammorbidimento che doveva aver subito la sua visione filosofica, affermò che Alinsky era uno dei "pochi uomini veramente grandi del secolo".

Uno dei ricchi sostenitori di Alinsky – e questo sostenitore della lotta di classe ne aveva diversi, tra cui combinazioni bizzarre come la fondazione Rockefeller e la Chiesa presbiteriana – era il milionario Marshall Field. Quest'ultimo contatto era servito a rafforzare ulteriormente l'immagine di Alinsky agli occhi di Montini, poiché Marshall Field, che aveva pubblicato un giornale comunista, sponsorizzato vari movimenti sovversivi e aveva superato con disinvoltura due divorzi e tre cause matrimoniali, era rimasto un fedele figlio della Chiesa – il suo conto in banca lo garantiva – ed era un intimo amico del vescovo Shiel di Chicago.

Allo stesso tempo Montini stabilì un rapporto, inizialmente puramente d'affari, che avrebbe avuto effetti di vasta portata in gran parte dell'Italia, compreso il Vaticano, in un futuro non troppo lontano. Nel corso della gestione dei complicati affari finanziari della Chiesa incontrò un personaggio losco, Michele

Sindona, che gestiva uno studio di consulenza fiscale (che almeno era parte delle sue molteplici attività) a Milano.

Sindona era un siciliano nato nel 1919, prodotto dell'eterogenea formazione gesuita, che studiava giurisprudenza quando le truppe britanniche e americane invasero l'isola durante la seconda guerra mondiale. Un altro flagello che la guerra permise di rinnovarsi in Sicilia fu la mafia.

Costretta alla clandestinità da Mussolini, era riemersa con il proverbiale sostegno americano e l'aiuto del presidente Roosevelt che, come praticamente tutti i presidenti americani dall'epoca di Washington (egli stesso un Illuminato), era un attivo sostenitore delle ramificazioni delle società segrete. Uno dei numerosi titoli di Roosevelt era quello di Cavaliere di Pizia, che proclamava l'appartenenza a una società basata sulla mitica coppia di pagani, Damone e Pizia; era anche membro dell'Antico Ordine Arabo dei Nobili del Mistico Santuario e indossava il fez rosso.

Sindona prosperò grazie alle condizioni disagiate create dalla mafia e dalla guerra. Si procurò un camion e si guadagnò da vivere vendendo oggetti di vario genere e beni di prima necessità alle truppe. È dubbio che, come alcuni sostengono, abbia partecipato alla raccolta di informazioni contro i tedeschi e all'sabotaggio delle loro posizioni. Ma ben presto entrò a far parte della cerchia di gangster che circondava i comandanti dell'esercito americano, che facevano il giro in un'auto di lusso regalata loro dalla mafia in cambio dei servizi resi.

Protetto e favorito dagli Alleati, Sindona si trovò presto a capo di un fiorente racket di mercato nero dell' ; e quando la guerra finì, seguendo le orme di coloro che avevano acuito il suo appetito per il denaro, voltò le spalle al sud indigente e si trasferì a Milano, dove trovò nell'arcivescovo un valido collaboratore.

L'ascesa al potere di Montini fu segnata dall'arrivo a Roma di persone che lasciarono piuttosto sconcertati gli osservatori più convenzionali delle cerimonie vaticane; e poiché la natura romana è troppo acuta per la semplice ipocrisia, essi non si limitarono a fiutare la disapprovazione nei confronti dei pubblicitari da magnaccia, degli pseudo-artisti di ogni tipo, dei chierici senza coscienza e dei vari parassiti che affluivano al sud e piantavano le loro tende metaforiche all'ombra della cupola di San Pietro.

Roma, dichiararono i critici di Montini, era di nuovo invasa dai barbari del nord.

Altri dicevano che era la mafia. Non avevano tutti i torti. Tra i nuovi arrivati c'era Michele Sindona, che non spingeva più una carriola, ma se ne stava comodamente seduto in una lucida auto con autista, senza dubbio valutando con occhio da uomo d'affari i monumenti papali e imperiali che vedeva passare.

6.

Papa Giovanni, parlando a nome del Concilio da lui convocato e riferendosi al suo scopo, aveva detto: "La nostra più grande preoccupazione è che il sacro deposito della dottrina cattolica sia custodito". La Chiesa non deve mai allontanarsi "dal sacro patrimonio della verità ricevuto dai Padri".

Non c'era nulla di strano o rivoluzionario in questo. Era stato dato per scontato da generazioni. Ma con l'avanzare del Concilio, il Papa cambiò tono e disse che la Chiesa non doveva preoccuparsi dello studio di vecchi musei o simboli del pensiero del passato. "Noi viviamo per progredire. Dobbiamo sempre andare avanti. La vita cristiana non è un insieme di antiche usanze"; e Papa Paolo, poche ore dopo essere stato eletto, annunciò la sua intenzione di consolidare e attuare il Concilio del suo predecessore e, in un certo senso, come vedremo, di avallare la seconda delle affermazioni di Papa Giovanni.

Per quanto riguarda il lettore comune, il risultato più eclatante ottenuto dal Concilio fu il cambiamento dei rapporti tra il comunismo ateo e la Chiesa; e il fatto che si sia verificato un cambiamento così sorprendente dimostra che Mazzini e i suoi compagni cospiratori non avevano sbagliato i loro calcoli quando, tanti anni prima, avevano riposto le loro speranze di minare fatalmente la Chiesa in un Concilio Generale. Ciò illustra anche i metodi impiegati da coloro che, per quanto elevati fossero i loro titoli ecclesiastici, erano innanzitutto i sostenitori del credo rivoluzionario segreto.

Lo schema sul comunismo fu accolto con favore dal cardinale polacco Wyszynsky, che aveva avuto un'esperienza personale della vita dietro la cortina di ferro. Seicento padri conciliari lo sostennero e 460 firmarono una petizione in cui si chiedeva che fosse rinnovata la condanna dell' materialismo ateo che schiavizzava parte del mondo.

Tuttavia, quando fu reso noto il rapporto della Commissione sulla Chiesa nel mondo contemporaneo, non fu fatto alcun riferimento al contenuto della petizione e, quando i responsabili chiesero spiegazioni, fu loro risposto che solo due voti erano stati espressi contro il comunismo.

Ma allora, chiesero alcuni dei firmatari stupiti e delusi, che ne era stato del numero molto più consistente di coloro che avevano appoggiato la petizione? Fu loro risposto che la questione non era stata portata all'attenzione di tutti i Padri conciliari, poiché circa 500 di loro si erano recati a Firenze, dove si stavano svolgendo le celebrazioni in onore di Dante.

Non ancora soddisfatti, coloro che erano stati così palesemente scavalcati fecero pressione sul gesuita Robert Tucci, membro di spicco della commissione competente, affinché fornisse loro una spiegazione. Egli rispose che i loro sospetti erano infondati. Non c'era stata alcuna trattativa, né intrighi dietro le quinte. Ciò poteva solo significare che la petizione aveva "incontrato un semaforo rosso lungo il percorso" e quindi si era arenata.

Un'altra spiegazione era che l'intervento non era arrivato entro il termine prescritto e quindi era sfuggito all'attenzione.

La discussione proseguì, con due dei Padri Conciliari che dichiararono di aver consegnato personalmente l'intervento firmato al Segretariato Generale in tempo; e quando ciò fu dimostrato, coloro che fino a quel momento avevano bloccato la condanna del comunismo fecero marcia indietro.

L'arcivescovo Garonne di Tolosa fu chiamato a chiarire la questione e ammise la tempestiva consegna della petizione, insieme alla negligenza da parte di coloro che avrebbero dovuto trasmettere la questione ai membri della Commissione. La loro omissione aveva fatto sì che la petizione non fosse stata esaminata in modo e. Ma c'era ancora più incoerenza anche da parte di coloro che ammettevano l'errore.

L'arcivescovo disse che erano state presentate 332 interventi. Un altro citò il numero di 334, ma anche questo fu contraddetto dall' e quando fu annunciato che il totale pervenuto in tempo era stato di 297.

C'è stato un altro tentativo da parte di coloro che desideravano che fosse riaffermata la condanna originale del comunismo da parte della Chiesa. Si trattava di una richiesta di verificare i nomi dei 450 prelati che avevano firmato la petizione. Ma anche questa è stata respinta. La petizione era stata aggiunta ai documenti raccolti relativi al caso, e semplicemente non erano disponibili. Così, come in tutte queste cose, i tradizionalisti si scoraggiarono. La loro causa si spense e i modernisti, fiduciosi come sempre, rimasero padroni del campo.

La loro vittoria, e quella delle società segrete che manipolarono il Concilio, era stata prefigurata dal cardinale Frings, uno dei membri del consorzio di lingua tedesca, quando affermò che qualsiasi attacco al comunismo sarebbe stato stupido e assurdo, sentimenti che furono ripresi dalla stampa controllata a livello internazionale. E allo stesso tempo, quasi a mettere in luce la capitolazione senza precedenti della Chiesa davanti al suo nemico (che pochi anni fa molti avrebbero giudicato impensabile), il cardinale Josef Beran, arcivescovo di Praga in esilio a Roma, ricevette un ritaglio di un giornale cecoslovacco.

In esso, uno dei loro credi politici si vantava che i comunisti erano riusciti a infiltrarsi in tutte le commissioni che guidavano il corso del Concilio; un'affermazione che trovò conferma quando tattiche simili a quelle descritte furono impiegate, con uguale successo, in ogni fase delle sedute.

Un esempio tipico si ebbe durante il dibattito sugli ordini religiosi. Ai relatori di destra, che avevano precedentemente manifestato la loro intenzione di intervenire, non fu permesso di usare il microfono. Questo fu invece messo a disposizione dei loro oppositori di sinistra, i cui nomi erano stati comunicati solo quella mattina. Gli indignati, messi a tacere, chiesero un'indagine ufficiale. Questa fu loro negata, al che chiesero di vedere il prelato che aveva agito come moderatore in quell'occasione, il cardinale Dopfner. Ma questi non era disponibile, essendo partito per Capri per un lungo weekend.

Quando riuscirono a ottenere un colloquio, il cardinale si scusò e poi chiese freddamente loro di rinunciare al diritto di parola. Naturalmente la richiesta fu respinta, al che il cardinale promise di leggere ad alta voce una sintesi dei discorsi che avevano preparato. Ma coloro che erano riuniti nella sala del Concilio non riuscirono quasi a riconoscere le versioni che ascoltarono. Erano state notevolmente abbreviate, il loro significato era confuso e, in alcuni casi, falsificato. Poi, come era loro solito, gli oppositori si arresero, sconfitti dalla loro stessa letargia - o forse dai cambiamenti e dalla tenacia di coloro che erano venuti al Concilio con uno scopo preciso e uno schema che si ripeteva continuamente durante tutte le sessioni?

In un giorno di fine ottobre l'attenzione del Concilio si concentrò su una figura che si alzò per parlare. Era il cardinale Alfredo Ottaviani, uno dei membri più abili della Curia, che portava con sé il ricordo dei grandi giorni di Pio XII, per cui era rispettato da alcuni e temuto o detestato da altri. Alcuni rifuggivano dal suo sguardo, che, secondo i suoi nemici, era dovuto al fatto che aveva il malocchio. Il suo sguardo poteva effettivamente essere sconcertante, poiché era nato nel quartiere povero di Trastevere, dove una malattia agli occhi, che aveva imperversato senza cure, aveva afflitto molti, e ora, a settant'anni suonati, era quasi cieco.

Quando si alzava, i progressisti del Concilio si scambiavano sguardi d'intesa. Sapevano cosa stava per succedere. Stava per criticare la nuova forma della Messa, opera di monsignor Annibale Bugnini (che proporremo di esaminare più da vicino in seguito).

Acclamata dai progressisti e deplorata dai tradizionalisti come un'innovazione fatale, aveva provocato una frattura più profonda all'interno del Concilio rispetto a qualsiasi altro argomento.

Nessuno dubitava da quale parte si sarebbe schierato Ottaviani, e le sue prime parole lo chiarirono subito: "Vogliamo forse suscitare stupore, forse scandalo, tra il popolo cristiano, introducendo cambiamenti in un rito così venerabile, approvato da tanti secoli e ormai così familiare? Il rito della Santa Messa non deve essere trattato come se fosse un , un pezzo di stoffa da rimodellare secondo il capriccio di ogni generazione...

Il tempo a disposizione per gli oratori era di dieci minuti. Il cardinale Alfrink, che presiedeva la riunione, teneva il dito sul campanello di avvertimento. Questo oratore era troppo serio e ciò che aveva da dire era sgradito a molti. I dieci minuti trascorsero. Il campanello suonò e il cardinale Alfrink fece cenno a un tecnico che spense il microfono. Ottaviani confermò ciò che era accaduto battendo sullo strumento. Poi, totalmente umiliato, tornò barcollando al suo posto, tastando con le mani e urtando contro il legno. Tra i padri conciliari c'era chi ridacchiava. Altri applaudivano.

Queste pagine non intendono occuparsi dell'autorità papale. Ma è necessario affrontarla, anche se brevemente, poiché coloro che ancora dubitano del coinvolgimento della società segreta e del grado di potere che le ho attribuito potrebbero sottolineare il fatto che una delle loro affermazioni più estreme, "Il papato cadrà", non si è avverata. Il papato, infatti, esiste ancora.

Esiste, sì. Ma ha ceduto il posto a uno spirito collettivista che non sarebbe mai stato credibile ai tempi in cui Pietro e i suoi successori, in virtù dell'autorità conferita a Pietro da Cristo, erano noti per aver ricevuto la giurisdizione suprema sulla Chiesa.

Anche mentre il Concilio era ancora in sessione, molti dei suoi membri, guidati dal vescovo di Baltimora, negavano la dottrina dell'infallibilità papale che, riferendosi specificamente alla fede e alla morale, era molto più limitata di quanto molti pensano; e mosse simili altrove hanno portato alla sua sostituzione con una nuova e goffa definizione: la collegialità episcopale dei vescovi.

Tale delega di autorità è ora diventata realtà. Maggiore responsabilità è stata trasferita ai vescovi e l'accettazione generale di tale cambiamento è stata seguita da un corrispondente declino del monopolio papale del potere.

Questo potrebbe essere solo un primo passo verso il compimento della fiduciosa affermazione: "Il papato cadrà".

7.

Annibale Bugnini, creato arcivescovo titolare di Dioclentiana da Paolo VI nel 1972, aveva tutte le ragioni per essere soddisfatto. Il suo servizio alla Chiesa nel campo degli studi liturgici e della riforma era stato ricompensato. Ora, in qualità di segretario della Commissione per l'attuazione della Costituzione sulla liturgia, era una figura chiave nella rivoluzione che era in atto da tredici anni. Già prima dell'apertura del Concilio Vaticano II era destinato a svolgere un ruolo decisivo nel futuro della Chiesa, che in gran parte dipendeva dalla Messa, per la quale aveva compilato nuovi riti e un nuovo ordine come segno di ulteriori progressi futuri.

Il suo lavoro comportava una riforma dei libri liturgici e il passaggio dal latino alla lingua volgare, il tutto da realizzare con facilità e senza allarmare gli ignari. L'imposizione di regole nuove e diverse stava avendo un tale successo che il cardinale Villot, uno dei loro promulgatori, poteva affermare che, dopo soli dodici mesi, erano già in circolazione non meno di centocinquanta modifiche; mentre per quanto riguarda la disposizione ormai superata secondo cui "l'uso del latino sarà mantenuto nei riti latini", la Messa veniva già celebrata in trentasei dialetti, in dialetto, persino in una sorta di gergo quotidiano.

Bugnini aveva infatti messo in pratica, con l'approvazione di Paolo VI, il programma di Lutero, in cui si riconosceva che "quando la Messa sarà distrutta, il Papato sarà rovesciato, perché il Papato si appoggia alla Messa come a una roccia". È vero che un oppositore ortodosso, Dietrich von Hildebrand, aveva definito Bugnini "lo spirito maligno della riforma liturgica". Ma nessuna considerazione del genere figurava nella mente dell'arcivescovo quando, un giorno del 1975, uscì da una sala conferenze dove aveva partecipato a una riunione di una delle commissioni in cui aveva voce in capitolo, e iniziò a salire una scala dell'. All'improvviso si fermò. Le sue mani, che avrebbero dovuto reggere una valigetta, erano vuote. La valigetta, che conteneva molti dei suoi documenti, era rimasta nella sala conferenze. Non essendo mai stato un tipo frettoloso, poiché era un uomo corpulento e aveva bisogno di esercizio fisico, tornò indietro di corsa e gettò uno sguardo sulle sedie e sui tavoli. La valigetta non si vedeva da nessuna parte.

Non appena la riunione si concluse, un frate domenicano entrò per rimettere in ordine la sala.

Notò subito la valigetta e la aprì nella speranza di trovare il nome del proprietario. Mise da parte i documenti relativi alla Commissione e si imbatté in una cartellina che conteneva delle lettere.

C'era il nome del destinatario, ma – e il domenicano rimase senza fiato – l'intestazione non era "Sua Eccellenza Reverendissima Annibale Bugnini, Arcivescovo di Dioclentiana", bensì "Fratello Bugnini", mentre le firme e il luogo di provenienza indicavano che le lettere erano state inviate dai dignitari delle società segrete di Roma.

Papa Paolo VI, che ovviamente era stato infamato insieme a Bugnini, prese prontamente provvedimenti per impedire che lo scandalo si diffondesse e per placare lo sgomento dei progressisti che, innocenti e ingenui, non avevano altra opinione se non quella dettata dai media. Bugnini avrebbe dovuto essere rimosso, o almeno richiamato all'ordine. Ma invece, per salvare le apparenze, fu nominato Pro Nunzio Apostolico in Iran, un incarico in cui non c'era bisogno di abbellimenti diplomatici, dato che il governo dello Scià non aveva tempo per le religioni occidentali e dove il sacerdote che ebbe la sfortuna di essere esiliato lì, anche se solo per un periodo, trovò la sua funzione limitata quanto l'ambiente in cui viveva, che consisteva in due stanze scarsamente arredate in una casa altrimenti vuota.

La smascheratura di Bugnini fu portata avanti quando lo scrittore italiano Tito Casini, preoccupato per i cambiamenti nella Chiesa, lo rese noto nel romanzo Il fumo di Satana, pubblicato nell'aprile 1976. Seguirono le prevedibili smentite e le evasioni. Una fonte vaticana dichiarò che i motivi dell'allontanamento dell' e Bugnini dovevano rimanere segreti, anche se si ammetteva che le ragioni che lo avevano provocato erano state "più che convincenti". Le Figaro smentì qualsiasi legame con società segrete a nome di Bugnini. L'Ufficio Informazioni Cattoliche smentì il proprio nome professando totale ignoranza del caso. L'arcivescovo Bugnini negò più volte qualsiasi affiliazione a società segrete. Tutto ciò appare molto futile, dato che il Registro Italiano rivela che egli aderì a una di queste società il 23 aprile 1963 e che il suo nome in codice era Buan.

8.

L'8 dicembre 1965, Papa Paolo VI si presentò davanti ai vescovi riuniti, alzò entrambe le braccia al cielo e annunciò: "Nel nome di Nostro Signore Gesù Cristo, andate in pace".

Il Concilio Vaticano II era finito e coloro che avevano ascoltato Papa Paolo diedero sfogo ai sentimenti di vittoria o di sconfitta che erano sorti tra loro durante le riunioni.

I conservatori erano risentiti, indignati e accennavano a una controffensiva che non sarebbe mai stata messa in atto. Concordavano tra loro che il progresso della Chiesa era stato fermato da una mossa che era stata sia imprudente che inutile. Uno dei loro portavoce, il cardinale Siri, parlò di resistenza. "Non saremo vincolati da questi decreti"; ma i decreti furono effettivamente applicati, come aveva promesso Papa Paolo, con crescente sconcerto dei cattolici, per i quali la Chiesa, ormai preda di novità e disordini, aveva perso la sua autorità.

I liberali o progressisti, sicuri di aver portato a termine con successo i disegni delle società segrete, esultavano. Il Concilio, diceva il teologo svizzero Hans Kung, aveva più che realizzato i sogni *dell'avanguardia*. Il mondo religioso era ormai permeato dalla sua influenza e nessun membro del Concilio "sarebbe tornato a casa come era venuto". "Io stesso", continuava, "non mi sarei mai aspettato dichiarazioni così audaci ed esplicite dai vescovi in seno al Concilio".

In uno stato d'animo simile, il domenicano Yves Congar, da sempre di sinistra, annunciò che i fallimenti del passato della Chiesa erano stati causati dal suo essere permeata dallo spirito della cultura latino-occidentale. Ma quella cultura, era lieto di annunciare, aveva fatto il suo tempo.

Il riformatore più estremo, il cardinale Suenens, eseguì una danza di trionfo mentale. Ripensò al Concilio di Milano, tenutosi nel 313, con cui l'imperatore Costantino concesse la completa tolleranza ai cristiani e rese la loro fede uguale a quella che fino ad allora era stata la religione ufficiale dello Stato. Quel decreto era sempre stato una pietra miliare nella storia della Chiesa. Ma ora il primate belga, noto ai suoi compagni cospiratori come Lesu, poteva gettare alle ortiche tutti quei ricordi epocali. Era dalla parte dei vincitori. Sfidava chiunque fosse in disaccordo con lui. "L'era di Costantino è finita!". Inoltre, affermò che sarebbe stato in grado di redigere un elenco impressionante di tesi che, dopo essere state insegnate ieri a Roma, erano state credute, ma che il Concilio aveva respinto con un semplice schiocco di dita.

Questi segnali di pericolo furono riconosciuti da Malachi Martin, ex gesuita e professore al Pontificio Istituto Biblico di Roma. "Ben prima dell'anno 2000", disse, "non esisterà più un istituto religioso riconoscibile come la Chiesa cattolica romana e apostolica di oggi... Non ci sarà alcun controllo centralizzato, alcuna uniformità nell'insegnamento, alcuna universalità nella pratica del culto, della preghiera, del sacrificio e del sacerdozio".

Si possono individuare i primi segni di questo nel rapporto della Commissione Internazionale Anglicano-Cattolica Romana pubblicato nel marzo 1982?

Una valutazione più precisa del periodo postconciliare, rispetto a quella fatta da Malachi Martin, è apparsa nell'*American Flag Committee Newsletter del* 1967. Commentando il "deterioramento più marcato e rapido della risoluzione antibolscevica del Vaticano" dai tempi di Pio XII, si afferma che in meno di un decennio la Chiesa si è trasformata "da nemica implacabile del comunismo a sostenitrice attiva e piuttosto potente della coesistenza sia con Mosca che con la Cina rossa". Allo stesso tempo, i cambiamenti rivoluzionari nei suoi insegnamenti secolari hanno avvicinato Roma sempre più, non al protestantesimo tradizionale come suppongono molti laici cattolici, ma a quel neopaganesimo umanistico del Consiglio Nazionale e Mondiale delle Chiese".

Ma se il Concilio non ha ottenuto altro, ha permesso ai ristoratori di prosperare. Infatti, nei bar sono state consumate circa mezzo milione di tazze di caffè.

Parte quarta

Il diavolo ha riottenuto i suoi diritti di cittadinanza nella Repubblica della cultura.

Giovanni Papini.

La pubblicità raggiunse il massimo quando, nell'estate del 1965, fu annunciato che Papa Paolo VI avrebbe visitato New York alla fine dell'anno per rivolgersi all'Assemblea delle Nazioni Unite. Fu annunciato come un evento di estrema importanza che avrebbe sicuramente portato risultati che non potevano sfuggire al mondo; ma c'erano anche alcune speculazioni sul perché ambienti non cattolici, e persino anticattolici, stessero dando vita a un entusiasmo simile a quello che aveva caratterizzato l'elezione di Giovanni XXIII.

Era forse lo stesso potere a tirare le fila dietro le quinte per influenzare il tono della stampa, della radio e della televisione? Abbiamo già valutato, in una certa misura, il carattere e le tendenze di Paolo VI. Diamo ora uno sguardo alla formazione e alla composizione delle Nazioni Unite.

Il suo tono era prevalentemente comunista, la sua carta, firmata nel 1943, era basata sulla Costituzione della Russia Sovietica, mentre i suoi scopi e principi erano stati decisi in una conferenza dei ministri degli Esteri tenutasi a Mosca.

I segretari del Consiglio di Sicurezza delle Nazioni Unite, tra il 1946 e il 1962, erano Arkady Sobelov ed Eugeny Kiselev, entrambi comunisti. Una figura di spicco dell'Organizzazione delle Nazioni Unite per l'Educazione, la Scienza e la Cultura (,

UNESCO) era Vladimir Mailmovsky, comunista. Il segretario capo dell'UNESCO era Madame Jegalova, comunista; mentre il presidente, il vicepresidente e nove giudici della "Corte mondiale" erano tutti comunisti.

Eppure queste erano le persone tipiche che Paolo VI ricopriva di lodi e alle quali guardava per la salvezza del mondo; mentre la stampa e la radio, soggette allo stesso controllo internazionale delle Nazioni Unite, continuano a parlare di quell'organismo come degno di rispetto.

Mostrandosi rigorosamente neutrale e con l'intenzione dichiarata di promuovere la pace mondiale, essa ha presto mostrato un netto pregiudizio a favore dei movimenti di guerriglia di ispirazione comunista il cui obiettivo, in diverse parti del mondo, era il rovesciamento dei governi costituiti. Ciò è stato fatto con il pretesto di liberare i popoli dall'oppressione, ma il disegno finale dell'Assemblea, allora come oggi, era quello di instaurare un sistema totalitario in cui la sovranità nazionale e le culture sarebbero scomparse.

A ciò si aggiungeva, come era stato chiarito dalle organizzazioni sociali ed economiche secondarie sorte dall'Assemblea, una censura virtuale la cui voce era prevalentemente atea.

Era stato infatti notato che i paesi più ortodossi, come l'Italia, l'Austria, la Spagna, il Portogallo e l'Irlanda, erano stati esclusi dalla fondazione originaria dell'Assemblea, mentre la Russia bolscevica, dal suo seggio permanente nel Consiglio di Sicurezza, possedeva un diritto di veto che poteva ridurre le decisioni dell'Assemblea a una mera espressione verbale, senza alcun effetto; un giudizio che può essere equamente espresso su tutte le deliberazioni delle Nazioni Unite dal giorno della loro fondazione ad oggi.

Prove più concrete di queste critiche possono essere addotte se si esamina la storia di un criminale professionista che, attraverso le Nazioni Unite, è arrivato a occupare un posto di primo piano nella vita europea. Si trattava di Meyer Genoch Moisevitch Vallakh, o Wallach, che prima della guerra del 1914 era emerso dal tumultuoso scenario politico russo come un personaggio "ricercato" che aveva trovato più sicuro e redditizio estendere le sue attività a paesi che fino ad allora erano stati meno turbolenti.

Operando sotto vari nomi, tra cui Buchmann, Maxim Harryson, Ludwig Nietz, David Mordecai e Finkelstein, è salito alla ribalta a Parigi nel 1908, quando ha partecipato alla rapina della Banca di Tiflis per duecentocinquantamila rubli. È stato espulso, ma poco dopo è finito di nuovo nei guai per traffico di banconote rubate.

La sua occasione arrivò nel 1917, quando la Rivoluzione russa portò lui e i suoi simili alla ribalta. Ora, sotto il rispettabile pseudonimo di Maxim Litvinoff, divenne Commissario sovietico per gli Affari Esteri. Il passo successivo fu la Presidenza del Consiglio della Società delle Nazioni. Giunse quindi a Londra come ambasciatore sovietico alla Corte di St. James, e in tale veste divenne una figura familiare e influente nei circoli reali e diplomatici.

A ulteriore riprova del declino della nostra politica pubblica e si può notare che il primo segretario generale delle Nazioni Unite fu Alger Hiss, che era stato condannato per spergiuro dai tribunali americani. Egli ebbe un ruolo di primo piano nella definizione della Carta delle Nazioni Unite secondo le linee comuniste russe.

Queste considerazioni, tuttavia, non ebbero grande peso sui fedeli, che pensavano che il discorso e l'apparizione del Papa davanti a un pubblico mondiale sarebbero stati un'occasione d'oro per promuovere l'insegnamento papale. Avrebbe colpito il mondo dubbioso e insicuro con una certezza che non aveva mai conosciuto prima. Molti ascoltatori, per la prima volta nella loro vita, si sarebbero trovati faccia a faccia con la realtà della religione. Solo la Chiesa aveva qualcosa di veramente importante da dire, che poteva aggiungere un significato spirituale alla routine della vita quotidiana.

Circa mezzo secolo prima, Pio X aveva emanato direttive e indicato linee guida che erano ovunque e in ogni momento pertinenti. Ma il suo pubblico era stato necessariamente limitato, così come i mezzi a sua disposizione per farsi sentire. Ora spettava a Papa Paolo fare eco alle parole del suo predecessore, ma questa volta a una congregazione quasi universale che poteva essere raggiunta attraverso il mezzo delle Nazioni Unite.

Pio aveva detto: "Non è necessario che io sottolinei che l'avvento della democrazia mondiale non può avere alcuna rilevanza per l'opera della Chiesa nel mondo... la riforma della civiltà è essenzialmente un compito religioso, poiché la vera civiltà presuppone un fondamento morale, e non può esserci un fondamento morale senza una vera religione... questa è una verità che può essere dimostrata dall'evidenza della storia".

Ma papa Paolo non aveva alcuna intenzione di avallare le parole di Pio. Infatti, invece di un leader religioso che parlava il 4 ottobre 1965, avrebbe potuto esserci un discepolo di Jean Jacques Rousseau che pontificava sulla deificazione della natura umana che, trovando espressione nella Dichiarazione dei diritti dell'uomo del 12 agosto 1789, aveva dato inizio alla Rivoluzione francese.

I diritti dell'uomo, definiti con entusiasmo come libertà, uguaglianza e fraternità, portarono al culto dell'uomo e alla sua elevazione al posto di Dio; da ciò ne conseguì che tutte le forme religiose e le istituzioni come il governo, la vita familiare e il possesso della proprietà privata furono denigrate come parti dell'ordine vecchio che stava per scomparire.

Quando gli effetti del Concilio Vaticano II divennero evidenti, il dottor Rudolf Gruber, vescovo di Ratisbona, fu indotto a osservare che le idee principali della Rivoluzione francese, "che rappresenta un elemento importante nel piano di Lucifero", venivano adottate in molti ambiti del cattolicesimo. E papa Paolo, parlando direttamente a una batteria di microfoni che trasmettevano in tutto il mondo, ne diede ampia prova.

Non fece alcun riferimento alle rivendicazioni spirituali o all'importanza della religione. "Ecco il giorno che abbiamo atteso per secoli... Questo è l'ideale che l'umanità ha sognato nel suo cammino attraverso la storia... Oserei definirla la più grande speranza del mondo... È vostro compito qui", disse ai membri dell'Assemblea, "proclamare i diritti e i doveri fondamentali dell'uomo... Siamo consapevoli che voi siete gli interpreti di tutto ciò che è permanente nella saggezza umana; potremmo quasi dire del suo carattere sacro".

L'uomo era ormai giunto a maturità ed era qualificato per vivere secondo una morale filosofica che, non dovendo nulla all'autorità, era stata creata da lui stesso in modo e. Le Nazioni Unite, destinate a svolgere il ruolo principale nel mondo, erano "l'ultima speranza dell'umanità". Era quindi alle strutture secolari che l'uomo doveva guardare per la stabilità e la redenzione dell'umanità; in una parola, a se stesso; sentimenti che non sarebbero stati fuori luogo nelle sale del comitato della Rivoluzione francese; sentimenti che nessuno avrebbe pensato di sentire esprimere da un Papa, privi com'erano di qualsiasi riferimento alle rivendicazioni e al messaggio tradizionale della Chiesa.

Che ciò fosse compreso e apprezzato fu dimostrato dall'accoglienza che gli fu riservata al termine del suo discorso da parte di coloro che, di una certa tendenza politica, costituivano la stragrande maggioranza del pubblico presente. Era circondato da rappresentanti di Russia, Cina e Stati satelliti dell'Unione Sovietica che lo abbracciavano e gli stringevano la mano. Organizzò ulteriori incontri, che furono in tutto quattro, con il ministro degli Esteri sovietico Gromyko (vero nome Katz) e sua moglie. Ci furono congratulazioni da parte di Nikolai Podgorny, membro del Politburo, e scambi cordiali con l' e Arthur Goldberg, membro di spicco del Partito Comunista.

Papa Paolo aveva aperto il mondo della religione ai suoi vecchi e inveterati nemici, i paladini della riforma sociale che negavano la rivelazione. Il "dialogo" era ormai di moda e la prospettiva di un avvio di colloqui tra Mosca e il Vaticano era data per scontata. Il massimo esponente della Chiesa mondiale aveva propagato il vangelo sociale, tanto caro al cuore dei rivoluzionari, senza un solo riferimento alle dottrine religiose che essi consideravano perniciose. Le differenze tra le due parti non erano così profonde e definitive come si era creduto un tempo. Il Papa e coloro che gli stavano attorno, a volte stringendogli entrambe le mani, potevano ormai essere alleati.

Rimaneva ora da coronare una visita davvero storica con un rito iniziatico che avrebbe suggellato questa nuova consapevolezza.

2.

"Ecco, il tuo re viene a te, umile, cavalcando un asino". Così scrisse San Matteo (21,5) sull'ingresso di Cristo a Gerusalemme.

Ma non fu così che il rappresentante di Cristo percorse Broadway. Papa Paolo viaggiava su una Lincoln decappottabile a sette posti, attraverso una foresta di bandiere e festoni, scortato da poliziotti in motocicletta e da migliaia di altri poliziotti che fiancheggiavano il percorso e trattenevano la folla, che non sapeva se stare in piedi, inginocchiarsi o chinare il capo in attesa di una benedizione, se salutare con la mano o alzare il braccio in segno di saluto; con due elicotteri di sorveglianza che ronzavano e volteggiavano sopra le loro teste, sirene che suonavano e quasi tutti gli edifici illuminati da luci fluorescenti che inutilmente facevano a gara con la luce del giorno, e il Plaza Building delle Nazioni Unite che recitava "Benvenuto, Papa Paolo VI".

Questo seguiva una domanda che il cardinale Vagnozzi, delegato apostolico a New York, aveva posto a Papa Paolo. Quale sarebbe stato il prossimo obiettivo della sua visita?

La sala di meditazione nell'edificio delle Nazioni Unite, gli disse Paul.

Il cardinale era sorpreso, sciocccato. Aveva ottime ragioni per affermare che il Santo Padre non poteva andarci.

Ma ci andò.

La sala, insieme ad altre due simili, una alla Wainwright House, Stuyvesant Avenue, Rye, New York, e l'altra nel Campidoglio degli Stati Uniti, rappresentava la fase iniziale di un progetto la cui realizzazione sarebbe stata segnata (in forma concreta) dall'erezione di quello che era stato chiamato il Tempio della

Comprensione, su cinquanta acri di terreno lungo le rive del Potomac a Washington, D.C.

Faceva parte di un progetto per formare un organismo mondiale interreligioso da parte di una certa signora Judith Dickerman Hollister, che rivelò un pregiudizio antitradizionale e filomisterioso diventando shintoista. In quanto tale, credeva al mito giapponese secondo cui due genitori divini universali discesero su un'isola fatta di gocce di sale. Lì la dea generatrice diede vita ad altre isole, con montagne e fiumi, e infine a un'intera galassia di divinità. Dopo quella straordinaria impresa, la signora si ritirò dalla sua dimora circondata dal mare e non fu mai più vista.

Così, forte di un'aria di mistero, di un'aura di illuminazione interiore e di un comportamento eccentrico, la signora Hollister trovò una sostenitrice entusiasta nella moglie del presidente, Eleanor Roosevelt, che alcuni dei suoi intimi consideravano leggermente al di sotto della normalità mentale.

Da lì il passo fu breve per assicurarsi il sostegno del governo degli Stati Uniti, mentre John D. Rockefeller e molti dei suoi collaboratori nella frangia comunista da lui fondata contribuirono a quella che fu chiamata le Nazioni Unite Spirituali. Un altro milionario filocomunista, Marshall Field, già noto come mecenate dell'anarchico Saul David Alinsky, contribuì a pagare la decorazione della sala. Anche la Fondazione Ford diede un sostegno finanziario.

Un bollettino accuratamente redatto, che presumibilmente trattava il significato e lo scopo della sala, fu prodotto dalla Lucis Press, che pubblica materiale stampato per le Nazioni Unite. I i più sospettosi potrebbero trovare spunti di riflessione nel fatto che questa casa editrice, quando iniziò la sua attività all'inizio di questo secolo, era conosciuta come Lucifer Press. Ora ha sede al 3 di Whitehall Court, Londra, S.W.1.

Quel titolo potrebbe benissimo essere stato mantenuto quando si trattava della creazione della signora Hollister, poiché la sala (e questo spiega lo shock provato dal cardinale Vagnozzi) era un centro degli Illuminati, dedicato al culto dell'Occhio che tutto vede che, sotto un sistema di allegorie e segreti velati, tradotti dai Maestri di Saggezza, era dedicato al servizio dei culti pagani e all'annientamento del cristianesimo a favore delle credenze umanistiche.

3.

Due porte, ciascuna dotata di pannelli di vetro colorato, conducono nella stanza. Una guardia sta all'esterno e un'altra è di guardia appena dentro la porta. Chi entra si trova in una semioscurità e in un silenzio in cui i propri passi sono assorbiti da uno spesso tappeto blu sul pavimento. Un passaggio interno ad arco, ancora avvolto da un senso di quiete notturna, si apre su uno spazio lungo circa dieci metri, a forma di cuneo, senza finestre e con una sola luce gialla, che sembra provenire dal nulla, che brilla sulla superficie di un altare che si erge al centro, un blocco di minerale di ferro cristallino alto fino alla vita che si dice pesi tra le sei e le sette tonnellate.

Tappeti blu sono stesi sul pavimento, che altrove è pavimentato con lastre di ardesia grigio-blu. In fondo alla stanza, dove la penombra si dissolve nell'ombra totale, c'è una bassa ringhiera oltre la quale solo i privilegiati possono passare.

L'affresco murale, alto più di due metri e mezzo e largo circa mezzo metro, è illuminato da una luce proveniente dall'alto. Incorniciato da un pannello d'acciaio, sembra un insieme apparentemente senza senso di disegni geometrici blu, grigi, bianchi, marroni e gialli. Ma a chi è esperto di esoterismo, le mezzelune e i triangoli presentano una forma definita che prende forma, al centro e nel cerchio esterno del murale, come l'Occhio degli Illuminati.

L'attenzione principale non è tuttavia focalizzata sul murale, ma sull'altare, dedicato al "senza volto", dal quale sembra irradiarsi un'aria di mistero inquietante, prevalente nella stanza. E mentre i sensi reagiscono, ci si rende conto che altre luci soffuse, nascoste in un soffitto sospeso che corrisponde alle dimensioni della stanza, aggiungono all'impressione cupa trasmessa dalla trave dell'altare.

Papa Paolo, alla fine della sua missione, ricevette in dono un modello dell'allora futuro Tempio della Comprensione. I Maestri riservarono un'accoglienza simile al cardinale Suenens, che in seguito visitò la Sala di Meditazione; in cambio, alcuni rappresentanti del Tempio furono ricevuti in Vaticano.

Lo scopo fondamentale del Tempio era chiaramente rivelato dal suo progetto, con l'Occhio che tutto vede, sfaccettato come un diamante nella cupola centrale dell'edificio, che rifletteva i raggi del sole attraverso le ali che rappresentavano le sei fedi del mondo: buddismo, induismo, islam, giudaismo, confucianesimo e cristianesimo.

Lo stesso simbolismo era presente in un banchetto a cui hanno partecipato circa cinquecento sostenitori del sincretismo al Waldorf Astor, dove è stata inscenata una piccola scena in cui un bambino, tenendo in alto il modello di un uovo, è stato presentato alla presidente del Tempio, la stessa signora Dickerman Hollister. Lei ha picchiato l'uovo con una bacchetta e il guscio è caduto rivelando un albero con sei rami d'oro.

Prima di lasciare l'America, papa Paolo, per ribadire la sua rinuncia volontaria all'autorità spirituale, fece una dimostrazione pubblica di spogliarsi dei simboli e delle insegne della Chiesa. Donò l'anello papale con diamanti e rubini e la croce pettorale con diamanti e smeraldi - i due gioielli contenevano quattrocentocinquantaquattro diamanti, centosettantacinque smeraldi e venti rubini - al buddista U Thant, allora segretario generale delle Nazioni Unite.

Un gioielliere aveva stimato che i gioielli, a prescindere dal loro valore tradizionale, valevano più di centomila dollari. Furono venduti all'asta per sessantaquattromila dollari, dopodiché l'acquirente li rivendette a un certo David Morton di Orono, nel Minnesota.

Alcuni di questi gioielli papali furono poi visti adornare una performer che apparve nel programma televisivo notturno di Carson.

L'anello "e la croce continuarono a passare di mano in mano tra commercianti, sale d'asta e negozi di antiquariato di alto livello, e l'ultima notizia che se ne ebbe fu che erano stati messi in vendita in un mercato di Ginevra.

Questa rinuncia seguì la pubblica dimostrazione di Papa Paolo di rinunciare alla tiara, la tripla corona che simboleggia la Trinità, l'autorità e i poteri spirituali della Chiesa. La corona veniva consegnata al Papa al momento dell'incoronazione con le parole: "Ricevi questa tiara adornata con tre corone e sappi che sei il padre dei principi e dei re, guida del mondo e vicario di Gesù Cristo sulla terra".

Papa Paolo fece sapere che rinunciava alla corona a beneficio dei poveri del mondo, un motivo che fu sfruttato dalla stampa e che "fu ben accolto" dal pubblico. Ma egli rinunciava a qualcosa che non era mai stato suo, in primo luogo, e quindi non era trasferibile. Inoltre, una sua sola parola avrebbe indotto tutte le missioni e le organizzazioni caritative della Chiesa nel mondo ad aprire i loro borsellini per i poveri. Invece, egli fece un gesto teatrale, rinunciando ai segni esteriori della dignità religiosa che, come lui e i suoi ben sapevano, era un piccolo passo che, aggiunto ad altri dello stesso genere, faceva parte del processo di svuotamento del significato interno della Chiesa.

Egli fece anche uso di un simbolo sinistro, utilizzato dai satanisti nel VI secolo e ripreso in occasione del Concilio Vaticano II. Si trattava di una croce spezzata o piegata sulla quale era raffigurata una figura ripugnante e deformata di Cristo, che i maghi neri e gli stregoni del Medioevo avevano utilizzato per rappresentare il termine biblico "marchio della bestia".

Tuttavia, non solo Paolo VI, ma anche i suoi successori, i due Giovanni Paolo, portarono quell'oggetto e lo mostrarono alla folla che non aveva la minima idea che rappresentasse l'anticristo. Inoltre, l'esposizione di una figura essiccata su un bastone contorto era proibita dal Canone 1279, che condannava l'uso di qualsiasi immagine sacra non conforme all'uso approvato dalla Chiesa. Che fosse usata per scopi occulti lo si può vedere nelle xilografie esposte nel Museo della Stregoneria di Bayonne, in Francia.

Un altro aspetto inquietante della visita di Papa Paolo VI negli Stati Uniti fu la sua apparizione allo Yankee Stadium di New York, dove indossava l'efod, l'antico indumento con pettorale di dodici pietre, che rappresentava i dodici figli di Giacobbe, indossato d o Caifa, il sommo sacerdote del Sinedrio, che chiese la crocifissione di Cristo.

Come se non bastasse questa innovazione del tutto superflua, Sua Santità continuò a indossare quel simbolo non cristiano in altre occasioni, tra cui la processione della Via Crucis a Roma il 27 marzo 1964; una cerimonia in Piazza di Spagna, a Roma, l'8 dicembre 1964; durante la visita del dottor Ramsay, arcivescovo di Canterbury, in Vaticano nel 1966; a un ricevimento dei parroci nella Cappella Sistina; e a Castelgandolfo nell'estate del 1970.

Il tono del discorso di Papa Paolo alle Nazioni Unite aveva dato non poco incoraggiamento ai progressisti, o all'ala sinistra, all'interno della Chiesa. Infatti, pochi giorni dopo il ritorno di Paolo a Roma, il vescovo di Cuernavaca, Mendes Arceo, dichiarò che "il marxismo è necessario per realizzare il regno di Dio nel tempo presente", mentre papa Paolo fece sapere che Roma, per porre fine a una vecchia inimicizia, era disposta a guardare con occhi nuovi alle società segrete.

Nell'ambito di tale processo, a monsignor Pezeril fu affidato il compito di negoziare con un organo direttivo di tali società al fine di stabilire contatti amichevoli.

La memoria di chi scrive sui giornali, come quella di chi li prende sul serio, è notoriamente breve. Tuttavia, poiché il discorso del Papa a New York era perfettamente in linea con la tendenza prevalente, non sorprende che il segnale da lui lanciato sia stato ripreso, qualche tempo dopo, dal quotidiano vaticano *L'Osservatore Romano*, che ha fatto sapere che il messaggio tradizionale della Chiesa aveva ceduto il passo a un concetto meno ortodosso, annunciando:

"Non c'è vera ricchezza se non l'uomo".

(I due triangoli intrecciati spiegano l'osservazione di Lantoine secondo cui Satana è una parte uguale e indispensabile di Dio, come si vede quando l'immagine è capovolta. Tradotto

semplicemente, il motto significa: "Ciò che è sopra è uguale a ciò che è sotto". Rivela un'idea occulta comune secondo cui Dio è sia buono che cattivo, e che Satana è parte di lui).

Parte quinta

> *Il velo che copre il più grande inganno che abbia mai confuso il clero e sconcertato i fedeli sta senza dubbio cominciando a strapparsi.*
>
> Arcivescovo Marcel Lefebvre.

Un osservatore della scena romana, Georges Virebeau, [13] racconta come un sentimento di sorpresa, quasi sgomento, si diffuse in Vaticano una mattina del 1976. Gli studenti in tonaca, di colore viola, viola o nero a seconda della loro nazionalità, stavano in gruppi a discutere dell'ultimo numero di una rivista, la *Borghese*. Alcuni, dice l'autore, sudavano addirittura per l'agitazione; infatti, nonostante la mattinata fosse calda, l'atmosfera creata da ciò che leggevano li colpiva più del clima.

Il giornale conteneva infatti un elenco dettagliato di ecclesiastici, alcuni dei quali ricoprivano cariche altissime, che sarebbero stati membri di società segrete.

Era una notizia sconvolgente, perché gli studenti scettici che scuotevano la testa conoscevano bene il diritto canonico, e il canone 2335 dichiarava espressamente che un cattolico che aderiva a una società del genere era scomunicato ipso facto.

Abbiamo visto che le società segrete avevano dichiarato guerra alla Chiesa, che riconoscevano come l'unico grande ostacolo che

---

[13] In *Prélats et Francs-Maçons.* (Henri Coston, Parigi, 1978).

impediva loro di dominare il mondo; e la Chiesa aveva risposto condannando le società e emanando leggi per la propria protezione. Il Canone 2335 era stato formulato a tale scopo, mentre il Canone 2336 riguardava le misure disciplinari da applicare a qualsiasi ecclesiastico che fosse stato indotto con l'inganno ad aderire a una società. Nel caso di un vescovo, questi avrebbe perso tutti i poteri giuridici e sarebbe stato escluso dall'esercizio delle funzioni sacerdotali, comprese l'ordinazione e la consacrazione.

Il fatto che la Chiesa considerasse queste società una minaccia molto pericolosa per la propria esistenza è dimostrato dal numero di avvertimenti e condanne emessi dal Vaticano. Quello che è generalmente considerato il primo caso ufficiale si verificò sotto papa Clemente XII (1730-40), che sottolineò che l'appartenenza a qualsiasi società di questo tipo era incompatibile con l'appartenenza alla Chiesa.

Undici anni dopo, Benedetto XIV confermò questa posizione nella prima bolla papale contro le società segrete. Pio VI e Pio VII seguirono l'esempio, quest'ultimo particolarmente preoccupato dalla minaccia rappresentata dai Carbonari. Tre papi successivi, Leone XII, Pio VIII e Gregorio VI, aggiunsero il loro peso alle restrizioni. Un'ulteriore condanna venne da Pio IX che, per inciso, dovette affrontare l'accusa di discendere dai conti Mastai-Feretti, che erano stati quasi certamente coinvolti nelle società segrete. Leone XIII parlò dei cospiratori che miravano a distruggere dall'alto al basso l'intera disciplina religiosa e sociale nata dalle istituzioni cristiane e a sostituire la fede nello spirito soprannaturale con una sorta di naturalismo di seconda mano.

Proprio come gli scritti di Voltaire, Diderot ed Helvetius avevano aperto la strada alla Rivoluzione francese, così le società segrete, secondo Pio X (1903-14), stavano lavorando per distruggere il cattolicesimo nella Francia moderna.

Il pericolo era così grande per Benedetto XV che nemmeno le preoccupazioni imposte dalla guerra del 1914 riuscirono a cancellarlo definitivamente dalla sua mente; mentre Pio XI ribadiva che le società segrete traevano gran parte della loro forza dalla cospirazione del silenzio che non ha mai smesso di circondarle.

Sebbene condotta in gran parte dietro le quinte, e quindi lontano dagli occhi del pubblico, la lotta tra la Chiesa e le società segrete è stata più aspra e prolungata di qualsiasi conflitto internazionale; la ragione è che essa si è svolta, in gran parte, sul piano *delle idee*, su una base mentale e quindi morale; e sebbene non universalmente riconosciuta, la visione morale influenza la natura stessa dell'uomo più di qualsiasi conflitto per il guadagno personale, il territorio o il potere positivo.

Da una parte c'era una religione che, secondo i suoi sostenitori, si basava sui fatti, sul valore oggettivo della verità rivelata e sull'osservanza sacramentale. Dall'altra, un sistema fondato su ideali umanitari in cui tutti gli uomini, liberi dalle catene del dogma e dell'ortodossia, potevano condividere e su cui potevano concordare. La verità, dicevano, è relativa, quindi le pretese di verità oggettiva e rivelata sono considerate non solo prive di valore, ma fondamentalmente false.

Così la lotta si sviluppò nel corso dei secoli, con da un lato coloro che accettavano l'ateismo, il positivismo o il materialismo, che raggiunsero il loro apice con la Rivoluzione francese, e dall'altro le critiche espresse da vari papi, da Clemente XII nella metà del XVIII secolo a Pio XI, morto nel 1939.

Le critiche meno severe definivano queste società "cospirazioni del silenzio".

Le più severe le definivano "sinagoghe di Satana".

Ma non tutti i loro membri consideravano il legame con Satana come uno stigma. Ecco come uno dei loro principali archivisti, Albert Lantoine, si rivolse a Pio XII nell'agosto del 1943: "Sono lieto di dire che noi, dotati di spirito critico, siamo servitori di Satana. Voi difendete la verità e siete servitori di Dio. I due padroni si completano a vicenda e hanno bisogno l'uno dell'altro.

Voi vorreste sterminarci. State attenti! La morte di Satana segnerà l'agonia del vostro Dio. Dovete accettare l'alleanza con Satana e ammettere che egli completa Dio".

La notizia riportata dal *Borghese*, che tanto allarmò gli studenti, fu il culmine di un timore che da tempo aleggiava tra gli elementi più conservatori del Vaticano. La denuncia dell' l'arcivescovo Bugnini, al tempo del Concilio Vaticano II, era stata già abbastanza sconvolgente.

Ma le rivelazioni contenute nel *Borghese* erano di portata molto più ampia e rischiavano di toccare il nervo scoperto della Chiesa.

Era noto che agenti nemici stavano da tempo minando le sue fondamenta. Ma finché la disciplina ecclesiastica era rimasta forte, era difficile anche per il più ardente infiltrato ottenere un posto nel clero. Tuttavia, il generale rilassamento e le riforme che seguirono il Concilio di Papa Giovanni aprirono le porte non solo ai seminari, ma anche alla Curia, l'organo di governo della Chiesa.

Poiché alcuni di questi agenti salirono ad alti livelli nella Chiesa, diventando cardinali e vescovi, molti che altrimenti avrebbero potuto essere sospettosi furono ingannati. I titoli ecclesiastici e le cariche che ne derivavano erano considerati una salvaguardia sufficiente (anche se in realtà erano solo esteriori). Le mani dei manipolatori si alzavano in segno di benedizione e i fedeli si inginocchiavano.

Gli avvertimenti contro di loro rimasero in gran parte inascoltati o caddero sordi contro le mura storicamente imponenti che circondavano la Chiesa. "Esiste una quinta colonna all'interno del clero", scrisse padre Arrupe, superiore generale dei gesuiti, "che lavora costantemente a favore dell'ateismo".

Un tema simile fu espresso da numerosi teologi riuniti a Ginevra nel 1976, in occasione di un Comitato Internazionale per la Difesa della Dottrina Cattolica. "La presenza dei nemici della Chiesa, all'interno della struttura ecclesiale, fa parte del mistero dell'iniquità e deve essere smascherata".

Ma finora quei timori non avevano assunto forme più concrete che quella di turbare le menti degli studenti, che sentivano che il loro futuro poteva essere sconvolto da rivelazioni che avevano avuto scarso o nessun effetto sui loro superiori e insegnanti in Vaticano. Fu ordinata la consueta inchiesta (da alcuni degli ecclesiastici che erano stati indicati come colpevoli) con l'obiettivo dichiarato di rintracciare la fonte delle voci. Ma non accadde nulla; e nessuno di coloro che erano stati implicati emise mai una smentita categorica o diretta.

L'articolo *di Borghese* affermava di avere un elenco dettagliato dei cospiratori che erano penetrati nella Chiesa, insieme a date, numeri e nomi in codice. A queste accuse rispose uno scrittore *dell'Aurora, M.* Jacques Ploncard, il quale affermò che nessun prelato era stato affiliato a una società segreta dai tempi di Carlo X, l'ultimo dei Borbone salito al trono nel 1824 e cacciato dalla rivoluzione del 1830.

Ciò era palesemente falso, come dimostrarono investigatori determinati che portarono l'attacco in territorio nemico. Con vari stratagemmi, talvolta fingendosi membri del governo, ottennero l'accesso al Registro italiano delle società segrete e redassero un elenco molto più lungo e impressionante di quello pubblicato nel *Borghese*.

I dettagli che seguono sono quelli dei cardinali, arcivescovi e vescovi che, secondo quanto affermato da coloro che lo hanno esaminato, figurano nel Registro. Alcuni sono morti dopo la compilazione dell'elenco, che a un certo punto si diceva comprendesse centoventicinque prelati. Alcune cariche sono cambiate.

Ma i nomi e i titoli ecclesiastici, con le date in cui sono stati iniziati a una società e i loro nomi in codice segreto, devono essere oggetto di seria riflessione, tranne che per quei cattolici che seguono ciecamente le regole, che si aggrappano alle parole di un prete e che considerano parte della loro fede non vedere alcuna macchia sulla Chiesa.

Si può notare che il nome in codice spesso incorpora le prime due lettere del nome del religioso.

2.

- **Agostino, cardinale Casaroli.** Segretario di Stato. Prefetto della Sacra Congregazione per gli Affari Esteri, della Sacra Congregazione per i Vescovi e della Pontificia Commissione per la Riveditura del Codice di Diritto Canonico. Membro della Commissione per la Russia e della Commissione per l'America Latina. Il prelato più influente in Vaticano dopo il Papa, di cui prende il posto in caso di assenza. È conosciuto come il "Kissinger della diplomazia vaticana". Iniziato a una società segreta il 28 settembre 1957. Nome in codice segreto: Casa.

- **Leon Joseph, cardinale Suenens.** Primate del Belgio. Membro della Pontificia Commissione per la revisione del diritto canonico. Attivo nella Sacra Congregazione di Propaganda Fide, nella Sacra Congregazione dei Riti e delle Cerimonie e nella Sacra Congregazione dei Seminari e degli Studi Universitari. È stato delegato e moderatore del Concilio Vaticano II ed è stato associato al pentecostalismo protestante, che riduce le persone a un'isteria revivalista. Iniziato il 15 giugno 1967. Nome in codice Lesu.

- **Jean, cardinale Villot.** Fu segretario di Stato di Paolo VI e camerlengo (il ciambellano che assume gli affari del Vaticano alla morte di un papa). Prefetto della Sacra Congregazione per gli Istituti Religiosi e Secolari e amministratore del Patrimonio della Santa Sede. Proveniva da una famiglia che negli ultimi duecento anni ha dato i natali, di padre in figlio, a Gran Maestri di società segrete tra cui i Rosacroce. Consapevole che questo era diventato di dominio pubblico, negò strenuamente di essere in alcun modo associato a tali società. Una delle sue smentite era contenuta in una lettera datata 31 ottobre 1976, inviata dal

Vaticano tramite la Nunziatura Apostolica a Parigi al direttore di *Lectures Françaises, una* pubblicazione mensile. Il testo recitava: "Avendo notato che nella vostra recensione del settembre 1976 avete definito il cardinale Villot membro di una società segreta, il cardinale Villot dichiara in modo formale di non aver mai avuto, in nessun momento della sua vita, il minimo legame con alcuna società segreta. Egli aderisce strettamente alle condanne imposte dai Sommi Pontefici. Il cardinale Villot prega il direttore di *Lectures Françaises* di pubblicare questa smentita in un prossimo numero e lo ringrazia in anticipo". Non si può fare a meno di chiedersi come il cardinale Villot, che sembra affetto da una memoria insolitamente corta, sia riuscito a svolgere il suo incarico di Segretario di Stato. I documenti dimostrano infatti che fu iniziato a una società segreta il 6 agosto 1966 e che, nella speranza di evitare di essere identificato, gli furono dati due nomi in codice, Jeani e Zurigo.

- **Achille, cardinale Lienart**. Vescovo di Lille. Ex capitano dell'esercito francese, fu per tutta la vita un ultra-liberale. Guidò le forze progressiste al Concilio Vaticano II, tanto che si diceva che "le sue idee erano più rosse delle sue vesti". Poco prima della sua morte, sorprese i presenti esclamando improvvisamente: "Dal punto di vista umano, la Chiesa è morta". Iniziato il 15 ottobre 1912. Nome in codice non verificabile.

- **Ugo, cardinale Poletti**. Vicario generale della diocesi di Roma e quindi controllore di tutto il clero della città. Membro della Sacra Congregazione dei Sacramenti e del Culto Divino. Presidente delle Opere Pontificie e dell'Accademia Liturgica. Arciprete della Basilica Patriarcale Lateranense. Iniziato il 17 febbraio 1969. Nome in codice Upo.

- **Franco, Cardinale Biffi**. Rettore della Pontificia Università San Giovanni in Laterano. Iniziato il 15 agosto 1969. Nome in codice Bifra.

> **Michele, Cardinale Pellegrino**. Arcivescovo di Torino, dove è conservato il Santo Sudario: iniziato il 2 maggio 1960. Nome in codice Palmi.

> **Sebastiano, Cardinale Baggio**. Prefetto della Sacra Congregazione dei Vescovi. Iniziato il 15 agosto 1957. Nome in codice Seba.

> **Pasquale, cardinale Macchi**. Prelato d'onore e segretario di Paolo VI. Dopo essere stato scomunicato per eresia, è stato reintegrato dal cardinale Villot. Iniziato il 23 aprile 1958. Nome in codice Mapa.

> **Salvatore, cardinale Pappalardo**. Arcivescovo di Palermo, Sicilia. Iniziato il 6 maggio 1943. Nome in codice Salpo.

> **Cardinale Garrone**. Prefetto della Congregazione per l'Educazione Cattolica. Dichiarò apertamente di essere membro di una società segreta, ma non fu né rimosso né pubblicamente rimproverato. La data di iniziazione e il nome in codice non sono stati verificati.

> **Arcivescovo Annibale Bugnini**. Consultore della Sacra Congregazione per la Propagazione della Fede e della Sacra Congregazione dei Riti. La storia della sua smascheratura durante il Concilio Vaticano II è nota. Morto il 3 luglio 1982. Iniziato il 23 aprile 1963. Nome in codice Buan.

> **Arcivescovo Giovanni Benelli**. Arcivescovo di Firenze. Ha assicurato la nomina del cardinale Villot a Segretario di Stato al posto dell'ortodosso cardinale Cicognani. Data di iniziazione e nome in codice non verificabili.

> **Arcivescovo Mario Brini**. Consultore della Pontificia Commissione per la revisione del diritto canonico. Segretario della Sacra Congregazione per le Chiese Orientali e membro della Pontificia Commissione per la Russia. Iniziato il 13 luglio 1969. Nome in codice Mabri.

> **Vescovo Michele Buro**. Prelato della Pontificia Commissione per l'America Latina. Iniziato il 21 marzo 1969. Nome in codice Bumi.

> **Vescovo Fiorenzo Angelini.** Vescovo titolare di Massene, Grecia. Delegato del Cardinale Vicario di Roma per gli Ospedali. Iniziato il 14 ottobre 1957. Nome in codice non verificabile.

> **Monsignor Mario Rizzi.** Prelato d'onore del Santo Padre. Responsabile dell'abolizione di alcuni canoni che costituivano parte integrante del fondamento della Chiesa fin dai tempi apostolici. Iniziato il 16 settembre 1969. Nome in codice Mari o Monmari.

> **Monsignor Pio Vito Pinto.** Addetto alla Segreteria di Stato e notaio della Seconda Sezione del Tribunale Supremo e della Segnatura Apostolica. È indicato come una persona molto importante all'interno delle società. Iniziato il 2 aprile 1970. Nome in codice Pimpi.

> **Monsignor Francesco Marchisano.** Prelato d'onore del Santo Padre. Segretario della Congregazione per l'Educazione Cattolica. Iniziato il 14 febbraio 1961. Nome in codice Frama.

> **Aurelio Sabattani.** Arcivescovo di Giustiniana, Provincia di Milano, Italia. Primo Segretario della Segnatura Apostolica Suprema. Iniziato il 22 giugno 1969. Nome in codice Asa.

> **Abino Mensa.** Arcivescovo di Vercelli, Piemonte, Italia. Iniziato il 23 luglio 1969. Nome in codice Mena.

> **Enzio D'Antonio.** Arcivescovo di Trivento. Iniziato il 21 giugno 1969. Nome in codice non verificabile.

> **Alessandro Gottardi.** Arcivescovo di Trento, Italia. Controlla i candidati che potrebbero essere elevati alla dignità cardinalizia. Viene chiamato "Dottore" durante le riunioni della società segreta. Iniziato il 13 giugno 1959. Nome in codice Algo.

> **Antonio Travia.** Vescovo titolare di Termini Imerese. È il capo delle scuole cattoliche. Iniziato il 15 settembre 1967. Nome in codice Atra.

> **Giuseppe Mario Sensi**. Vescovo titolare di Sardi, Asia Minore. Nunzio apostolico in Portogallo. Iniziato il 2 novembre 1967. Nome in codice Gimase.

> **Francesco Salerno**. Vescovo prefetto. Iniziato il 4 maggio 1962. Nome in codice Safra.

> **Antonio Mazza**. Vescovo titolare di Velia. Iniziato il 14 aprile 1971. Nome in codice Manu.

> **Mario Schierano**. Vescovo titolare di Acrida, provincia di Cosenza, Italia. Cappellano militare capo delle forze armate italiane. Iniziato il 3 luglio 1959. Nome in codice Maschi.

> **Luigi Maverna**. Vescovo di Chiavari, Genova, Italia. Iniziato il 3 giugno 1968. Nome in codice Luma.

> **Aldo Del Monte**. Vescovo di Novara, Piemonte, Italia. Iniziato il 25 agosto 1969. Nome in codice Adelmo.

> **Marcello Morganta**. Vescovo di Ascoli, Piceno, Italia orientale. Iniziato il 22 luglio 1955. Nome in codice Morma.

> **Luigi Bettazzi**. Vescovo di Lyrea, Italia. Iniziato l'11 maggio 1966. Nome in codice Lube.

> **Gaetano Bonicelli**. Vescovo di Albano, Italia. Iniziato il 12 maggio 1959. Nome in codice Boga.

> **Salvatore Baldassarri**. Vescovo di Ravenna, Italia. Iniziato il 17 febbraio 1958. Nome in codice Balsa.

> **Vito Gemmiti**. Membro della Sacra Congregazione dei Vescovi. Iniziato il 25 marzo 1968. Nome in codice Vige.

> **Pier Luigi Mazzoni**. Membro della Sacra Congregazione dei Vescovi. Iniziato il 14 settembre 1959. Nome in codice Pilum.

> **Ernesto Basadonna**. Prelato di Milano. Iniziato il 14 settembre 1963. Nome in codice Base.

> **Mario Bicarelli**. Prelato di Vicenza, Italia. Iniziato il 23 settembre 1964. Nome in codice Bima.

- **Salvatore Marsili**. Abate dell'Ordine di San Benedetto di Finalpia, vicino a Modena, Italia. Iniziato il 2 luglio 1963. Nome in codice Salma.

- **Annibale Ilari**. Abate di Sua Santità. Iniziato il 16 marzo 1969. Nome in codice Ila.

- **Franco Gualdrini**. Rettore di Capri. Iniziato il 22 maggio 1961. Nome in codice Grefra.

- **Lino Lozza**. Cancelliere dell'Accademia Romana di San Tommaso d'Aquino. Iniziato il 23 luglio 1969. Nome in codice Loli.

- **Daimazio Mongillo**. Professore di Teologia Morale Domenicana, Istituto dei Santi Angeli, Roma. Iniziato il 16 febbraio 1969. Nome in codice Monda.

- **Flaminio Cerruti**. Capo dell'Ufficio Studi Congregazionali dell'Università. Iniziato il 2 aprile 1960.

- **Enrico Chiavacci**. Professore di Morale all'Università di Firenze. Iniziato il 2 luglio 1970. Nome in codice Chie.

- **Carmelo Nigro**. Rettore del Seminario Pontificio di Studi Maggiori. Iniziato il 21 dicembre 1970. Nome in codice Carni.

- **Carlo Graziani**. Rettore del Seminario Minore Vaticano. Iniziato il 23 luglio 1961. Nome in codice Graca.

- **Luigi Belloli**. Rettore del Seminario Lombardo. Iniziato il 6 aprile 1958. Nome in codice Bella.

- **Virgilio Noè**. Capo della Sacra Congregazione del Culto Divino. Iniziato il 3 aprile 1961. Nome in codice Vino.

- **Dino Monduzzi**. Reggente del Prefetto della Casa Pontificia. Iniziato l'11 marzo 1967. Nome in codice Mondi.

- **Vittorio Palistra**. Consigliere legale della Sacra Rota dello Stato Vaticano. Iniziato il 6 maggio 1943. Nome in codice Pavi.

- **Giuseppe Ferraioli.** Membro della Sacra Congregazione degli Affari Pubblici della Chiesa. Iniziato il 24 novembre 1969. Nome in codice Gife.

- **Alberto Bovone.** Sostituto Segretario del Sacro Officio. Iniziato il 30 aprile 1967.

- **Terzo Nattelino.** Viceprefetto dell'Archivio della Segreteria di Stato della Santa Sede. Iniziato il 17 giugno 1957. Nome in codice Nate.

- **Georgio Vale.** Sacerdote ufficiale della diocesi di Roma. Iniziato il 21 febbraio 1971. Nome in codice Vagi.

- **Dante Balboni.** Assistente della Pontificia Commissione per gli Studi Biblici. Iniziato il 23 luglio 1968. Nome in codice Balda.

- **Vittorio Trocchi.** Segretario per i Laici Cattolici nel Concistoro delle Consultazioni dello Stato Vaticano. Iniziato il 12 luglio 1962. Nome in codice Trovi.

- **Piero Vergari.** Capo del Protocollo della Segnatura dello Stato Vaticano. Controlla le modifiche al Diritto Canonico. Iniziato il 14 dicembre 1970. Nome in codice Pive.

- **Dante Pasquinelli.** Membro del Consiglio del Nunzio a Madrid. Iniziato il 12 gennaio 1969. Nome in codice Pada.

- **Mario Pimpo.** Vicario dell'Ufficio Affari Generali. Iniziato il 15 marzo 1970. Nome in codice Pima.

- **Igino Rogger.** Funzionario della diocesi di Roma. Iniziato il 16 aprile 1968. Nome in codice Igno.

- **Pietro Rossano.** Membro della Sacra Congregazione per gli Studi Non Cristiani. Iniziato il 12 febbraio 1968. Nome in codice Piro.

- **Francesco Santangelo.** Sostituto generale del Consiglio Legale della Difesa. Iniziato il 12 novembre 1970. Nome in codice Frasa.

> **Gaetano Scanagatta**. Membro della Commissione di Pompei e Loreto. Iniziato il 23 settembre 1971. Nome in codice Gasca.

> **Pio Laghi**. Delegato Apostolico in Argentina. Iniziato il 24 agosto 1969. Nome in codice Lapi.

> **Pietro Santini**. Vice-Ufficiale del Tribunale del Vicariato Vaticano. Iniziato il 23 agosto 1964. Nome in codice Sapa.

> **Domenico Semproni**. Membro del Tribunale del Vicariato del Vaticano. Iniziato il 16 aprile 1960. Nome in codice Dose.

> **Angelo Lanzoni**. Capo dell'Ufficio della Segreteria di Stato. Iniziato il 24 settembre 1956. Nome in codice Lana.

> **Giovanni Lajola**. Membro del Consiglio per gli Affari Pubblici della Chiesa. Iniziato il 27 luglio 1970. Nome in codice Lagi.

> **Venerio Mazzi**. Membro del Consiglio degli Affari Pubblici della Chiesa. Iniziato il 13 ottobre 1966. Nome in codice Mave.

> **Antonio Gregagnin**. È il tribuno delle cause di beatificazione e canonizzazione. Iniziato il 19 ottobre 1967. Nome in codice Grea.

> **Giovanni Caprile**. Direttore degli Affari Civili Cattolici. Iniziato il 5 settembre 1957. Nome in codice Gica.

> **Roberto Tucci**. Direttore generale della Radio Vaticana. Una carica molto importante, dato che questa emittente trasmette notizie 24 ore su 24 in trentadue lingue. Iniziato il 27 giugno 1957. Nome in codice Turo.

> **Virgilio Levi**. Vicedirettore del quotidiano vaticano *L'Osservatore Romano* e della Radio Vaticana. Iniziato il 4 luglio 1958. Nome in codice: Vile.

In Italia ci sono 526 logge massoniche. Considerando questo dato, è discutibile che i membri dichiarati siano solo 20.000.

Il Registro francese delle società segrete è custodito con maggiore segretezza rispetto a quello italiano, pertanto non è possibile citare i dettagli delle recenti iniziazioni. L'elenco più completo dei religiosi appartenenti alle società segrete francesi copre alcuni decenni precedenti la Rivoluzione francese e contava, anche in un momento in cui l'infiltrazione dei nemici nella Chiesa era meno estesa di quanto sarebbe diventata in seguito, circa 256 membri.

Parte sesta

Quando parla il denaro, la verità tace.

Proverbio russo.

L'avventuriero Michele Sindona era già a capo di un vasto impero finanziario quando il suo amico Papa Paolo VI, nel 1969, si avvalse dei suoi servizi come consulente finanziario del Vaticano. L'influenza del siciliano su entrambe le sponde dell'Atlantico era tale da garantirgli il rispetto universale, a prescindere dal suo carattere personale. L'ambasciatore americano a Roma definì Sindona "l'uomo dell'anno", mentre la rivista *Time* lo definì in seguito "il più grande italiano dopo Mussolini".

I suoi legami con il Vaticano accrescerono il suo prestigio e le sue operazioni commerciali, condotte con la destrezza di un ragno che tesse la sua tela, lo portarono ben presto alla pari con i Rothschild e i Rockefeller, più politici e noti al grande pubblico. Si insinuò nelle banche e nelle agenzie di cambio, superò in astuzia sia i partner che i rivali e ne uscì sempre vincitore.

Investiva denaro sotto nomi falsi o di altre persone, disponendo e dirottando fondi, sempre con uno scopo preciso, e tirava le fila delle attività clandestine della Central Intelligence Agency e di organismi ancora più segreti, che provocarono ripercussioni politiche nei centri europei. Tutto questo veniva fatto con un'aria di riservatezza e con metodi che non avrebbero superato nemmeno l'esame più superficiale da parte del contabile più inefficiente.

Uno dei suoi primi contatti bancari fu con Hambro, a cui seguì una lista che arrivò a includere la Privata Italiana, la Banca Unione e il Banco di Messina, una banca siciliana di cui in seguito divenne proprietario. Deteneva una partecipazione di maggioranza nella Franklin National Bank di New York, controllava una rete che copriva nove banche e divenne vicepresidente di tre di esse. Il patrimonio reale di queste banche fu trasferito in paradisi fiscali come la Svizzera, il Lussemburgo e la Liberia.

In breve tempo rilevò la Franklin National, con le sue 104 filiali e un patrimonio di oltre cinque miliardi di dollari, nonostante una legge americana che vietava la proprietà diretta di qualsiasi banca da parte di gruppi con altri interessi finanziari. Ma una scappatoia fu trovata dall'allora presidente Nixon e dall'amico di Sindona e manipolatore di azioni David Kennedy, ex segretario del Tesoro degli Stati Uniti e ambasciatore di quel paese presso la NATO.

A un certo punto si calcolò che l'importo coinvolto nelle sue speculazioni all'estero superasse i venti miliardi di dollari. Oltre agli interessi già citati, due banche russe e la National Westminster erano coinvolte nelle sue transazioni. Era presidente di sette società italiane e amministratore delegato di molte altre, con partecipazioni nella Paramount Pictures Corporation, nella Mediterranean Holidays e nel commercio dello zucchero dominicano. Aveva voce in capitolo nel consiglio di amministrazione della Libby's, il colosso alimentare di Chicago. Acquistò una fonderia d'acciaio a Milano.

Era prevedibile che, nel valutare un uomo del genere, il suo passato e il suo carattere contassero meno del tintinnio delle sue tasche. Nuovi amici, conoscenti, personaggi pubblici e parenti lontani si accalcavano per vedere il sorriso di Sindona; tra loro c'era anche un ecclesiastico, monsignor Ameleto Tondini. Grazie a lui, il finanziere conobbe Messimo Spada, che gestiva gli affari della banca vaticana, o, per darle un nome più innocuo, l'Istituto per le Opere Religiose.

La sua attività principale era la gestione degli investimenti del Vaticano, che in parte ricadevano sotto un ente noto come Patrimonio della Sede Apostolica. Quest'ultimo era nato come entità finanziaria nel 1929, in base a una delle condizioni del Patto del Laterano stipulato con Mussolini.

Da allora aveva superato i limiti imposti dal Trattato e aveva assunto dimensioni veramente internazionali sotto un conglomerato di banchieri tra cui John Pierpont Morgan di New York, i Rothschild di Parigi e la Hambros Bank di Londra. Il suo supervisore ecclesiastico era monsignor Sergio Guerri (che sarebbe presto diventato cardinale).

Spada, che era presidente della Lancia, divenne presidente di un'istituzione in parte ecclesiastica e in parte finanziaria, nota come Fondazione Pio XII per l'Apostolato dei Laici, un'organizzazione molto ricca che fu poi rilevata dal cardinale Villot, che era per molti versi un riflesso di Paolo VI.

2.

I grandi affari hanno sempre un lato oscuro, e uno dei soci di Sindona, Giorgio Ambrosoli, diventò sempre più nervoso man mano che le frodi aumentavano di pari passo con i profitti e con gli effetti che producevano in diverse strutture sociali, economiche e politiche europee. Egli espresse i suoi dubbi a Sindona, che li liquidò con un gesto della mano. Ma non fece lo stesso con Ambrosoli. Al contrario, lo rese oggetto di voci e lo circondò di una rete di sospetti. E un altro crimine irrisolto si aggiunse al registro della polizia italiana quando Ambrosoli fu ucciso a colpi di pistola fuori dalla sua abitazione da "assassini sconosciuti".

Anche prima che Sindona si occupasse della sua politica di investimento, il Vaticano, nonostante la sua condanna del potere del denaro in passato, era fortemente coinvolto nel sistema capitalista. Aveva interessi nella banca Rothschild in Francia e nella Chase Manhattan Bank con le sue cinquantasette filiali in quarantaquattro paesi; nel Credit Suisse a Zurigo e anche a Londra; nella Morgan Bank e nella Banker Trust. Aveva grandi partecipazioni nella General Motors, nella General Electric, nella Shell Oil, nella Gulf Oil e nella Bethlehem Steel.

I rappresentanti del Vaticano figuravano nel consiglio di amministrazione della Finsider che, con un capitale di 195 milioni di lire distribuito in ventiquattro società, produceva il novanta per cento dell'acciaio italiano, oltre a controllare due compagnie di navigazione e la Alfa Romeo. Anche la maggior parte degli hotel di lusso italiani, compreso l'Hilton di Roma, figuravano nel portafoglio azionario del Vaticano.

L'influenza di Sindona in Vaticano, derivante dalla sua precedente amicizia con Paolo VI e dai recenti incontri con Spada, si fece presto sentire in modo molto simile a come era avvenuto nel mondo esterno. Assunse il controllo totale della Banca Privata. Acquistò la casa editrice Feltrinelli, e il Vaticano partecipava ai suoi profitti nonostante alcune delle sue produzioni includessero inviti alla violenza di strada e propaganda di società segrete. Lo stesso quartiere dava sostegno ai sindacati di sinistra e al lavoro non troppo pulito, spesso al limite della legalità, condotto dalla Central Intelligence Agency. La stessa mancanza di discernimento era dimostrata dal fatto che una delle aziende che contribuiva ad aumentare i fondi vaticani di Sindona aveva prodotto, almeno per un certo periodo, pillole contraccettive.[14]

Altri impegni più diretti del Vaticano erano con la Ceramica Pozzi, che forniva rubinetteria, sanitari e bidet, e con un gruppo chimico, sempre con Hambros sullo sfondo, che produceva fibre sintetiche per tessuti. Rappresentanti del Vaticano sedevano nei consigli di amministrazione di banche italiane e svizzere e la loro influenza era sempre più forte nella gestione di holding in molte parti del mondo occidentale.

Un'altra operazione "chiudi un occhio" fu quella in cui il cardinale Casaroli concluse un accordo con le autorità comuniste, in base al quale una delle società vaticane costruì una fabbrica a Budapest.

Quasi a portata d'orecchio da quei lavori c'era un altro cardinale, Mindszenty, arcivescovo di Ungheria, che, abbandonato da Roma a causa della sua posizione anticomunista, si era rifugiato nell'ambasciata americana dopo la fallita rivolta del 1956.

Se all'epoca fosse stato possibile condurre un'indagine approfondita, i nomi di alcuni funzionari vaticani sarebbero stati trovati in alcune delle complicate iniziative del presidente Nixon. Tutto questo emerge quando, districandosi in una massa di manovre spesso contraddittorie, si individua la proprietà vaticana della General Immobiliare, una delle più grandi società di

---

[14] Eppure Papa Paolo criticò il sistema capitalista nella sua enciclica sociale Populorum Progressio sullo sviluppo dei popoli.

costruzioni del mondo che si occupava di speculazione fondiaria, costruiva autostrade e gli uffici della Pan Am, per citare solo alcune delle sue operazioni, e controllava anche una parte importante del complesso Watergate a Washington.

Ciò le ha permesso di costruire e possedere la serie di edifici di lusso sulle rive del fiume Potomac che sono diventati la sede della campagna elettorale democratica nel 1972.

La gestione della Generale Immobiliare era affidata al conte Enrico Galeazzi, direttore di una società di investimento e credito (con un capitale stimato di venticinque miliardi di lire), che poteva entrare e uscire liberamente dal Vaticano, tanto da essere soprannominato il papa laico.

La Santa Sede divenne un partner importante dell'impero commerciale e industriale di Sindona nella primavera del 1969, quando, in risposta alle richieste di Paolo VI, il finanziere fece diverse visite in Vaticano, dove i due uomini si incontrarono, nello studio del Papa al terzo piano, a mezzanotte. (Tuttavia, per quanto riguarda i chierici minori e il personale del Vaticano, e secondo l'agenda del Papa, debitamente "manipolata" prima di essere registrata, non fu Sua Santità a conferire con Sindona, ma il cardinale Guerri, che con ogni probabilità in quel momento dormiva). Oltre a voler rafforzare la politica di investimento del Vaticano, il Papa era preoccupato di mantenere l'esenzione della Chiesa dal controllo del governo, sotto forma di tasse, sulla sua moneta e sui suoi beni. Tale esenzione, con i democratici cristiani alla guida di una coalizione quadripartita dalla fine della seconda guerra mondiale, non era mai stata seriamente messa in discussione. Ma ora si facevano sentire nuove voci. Il Vaticano era stato definito il più grande evasore fiscale dell'Italia del dopoguerra e crescevano le richieste di pagamento degli arretrati.

Un altro membro di questa cerchia sacra era Paul Marcinkus, appartenente a una famiglia lituana emigrata a Chicago. Era ben visto da monsignor Pasquali Macchi, segretario personale del Papa, e fino a quel momento non si era distinto in alcun campo pastorale. La sua esperienza più concreta nel campo delle attività ecclesiastiche era stata acquisita quando, grazie alla sua statura (era alto un metro e novanta) e alle sue braccia lunghe e possenti (che gli erano valse il soprannome di "gorilla"), aveva supervisionato la scorta di Paolo VI durante i suoi viaggi. Paolo lo nominò vescovo.

In qualità di controllore della Banca Vaticana, carica che gli fu affidata da Paolo VI, era responsabile di oltre 10.000 conti appartenenti a ordini religiosi e a privati, compreso il Papa. Il numero del conto di quest'ultimo, tra l'altro, era 16.16. Gestiva i fondi segreti del Vaticano e le sue riserve auree a Fort Knox e trasferì una parte consistente dei fondi, nella speranza di realizzare un rapido profitto, alle holding di Sindona.

È stato anche presidente dell'Istituto per la formazione religiosa e direttore della Continental Illinois Bank di Nassau. La sua ascesa non è stata né inaspettata né priva di influenze, poiché il 2 luglio 1963 Marcinkus ha seguito l'esempio di molti ecclesiastici che, in spregio al canone 2335, avevano aderito a una società segreta. Il suo nome in codice era Marpa.

Approfittando del fatto che l'abito clericale non era più indispensabile, Marcinkus si fece strada attraverso le frange, per poi entrare nel cuore colorato e rumoroso della società romana. Era l'affluente direttore di una delle banche più influenti, privilegiate e rispettate della città. Frequentava i bar, entrava in club esclusivi che fino ad allora erano stati per lui luoghi invidiabili e lontani, e mostrava la sua forza animalesca sui campi da golf, mandando numerose palline nel vuoto. Col tempo, il suo atteggiamento da playboy sfrenato infastidì la comunità romana più consolidata, che gli voltò le spalle. Sembrava che non avesse molto altro da offrire se non i suoi muscoli. Ma c'erano sempre molti americani, lì per affari, pronti a prendere il loro posto, anche se persino loro rimasero scioccati quando si venne a sapere che il vescovo era coinvolto in un caso di bancarotta fraudolenta.

Nel frattempo, i primi segnali di pericolo stavano raggiungendo Sindona e il Vaticano da molte parti del mondo. L'ordine era di trasferire denaro negli Stati Uniti, poiché gli eventi in Europa facevano presagire disordini politici e il collasso economico; il futuro della Franklin Bank, in cui Sindona e il Vaticano erano fortemente coinvolti, era diventato altamente incerto a seguito di una serie di speculazioni disastrose. Si fecero sforzi frenetici per convincere banche più sicure ad acquistare a titolo definitivo, o almeno a rilanciare l , la Franklin. Montini fece appelli per organizzare il trasferimento degli investimenti vaticani in un porto più sicuro.

Non era che Sindona avesse perso il suo tocco magico, ma le forze mondiali, aiutate dai nemici della mafia che invidiavano la sua ascesa, si stavano rivelando troppo forti per il mantenimento di imprese così lontane come quelle che aveva presieduto. Consapevole di trovarsi su un terreno instabile, Sindona cercò di ottenere il sostegno dell'amministrazione Nixon, offrendo un milione di dollari, che forse avrebbero potuto concretizzarsi solo se l'accordo fosse stato accettato, per il fondo elettorale del presidente. Ma poiché Sindona, per ovvie ragioni, insisteva per non essere nominato, e poiché l'accettazione di doni anonimi per le elezioni era vietata dalla legge, la sua offerta fu respinta. Fu una delusione per tutti gli interessati che ciò violasse una delle poche leggi che nemmeno il flessibile sistema federale poteva apertamente aggirare.

Sindona fece un ultimo gesto in perfetto stile gangster hollywoodiano. Organizzò una festa serale sontuosa e spettacolare nel più importante hotel di Roma (probabilmente di proprietà del Vaticano), alla quale parteciparono l'ambasciatore americano, il cardinale Caprio (che era stato responsabile degli investimenti vaticani prima dell'arrivo di Marcinkus) e l'accomodante cardinale Guerri.

Marcinkus fu solo oggetto di molte critiche. Le sue operazioni con i fondi vaticani, secondo monsignor Benelli, uno dei suoi critici, erano state intollerabili. Ma Marcinkus, che sapeva troppo di ciò che accadeva dietro le quinte del Vaticano, non poteva essere abbandonato e gli fu assegnato un incarico diplomatico nella Chiesa.

Sindona era stato informato da uno dei suoi mercenari, che lavorava anche per i servizi segreti, che era stato emesso un mandato di arresto nei suoi confronti. Ma lui bluffò e trascorse i festeggiamenti bevendo, poi partì per un periodo nella sua lussuosa villa a Ginevra e infine prese un aereo per New York.

Lì, in attesa di un'accusa formale, fu tenuto sotto una sorta di sorveglianza blanda.

Ma sembra che alcuni di coloro che erano stati incaricati di sorvegliarlo appartenessero alla mafia, e la notizia successiva che il Papa ebbe del suo ex consigliere fu che era stato ferito a colpi di pistola in una rissa.

Era abbastanza facile, scavando nel suo passato pieno di truffe grandi e piccole, e ora che non era più un potere da temere, portarlo a processo; e un tentativo di rapimento e corruzione su larga scala si aggiunsero alle accuse contro di lui. Quando il servizievole cardinale Guerri venne a sapere della cosa, sembra essersi convinto improvvisamente, forse perché il suo nome era stato fatto nei colloqui che avevano portato alla conclusione della trattativa tra il Pontefice e il finanziere, che Sindona fosse un uomo molto calunniato. Voleva andare a New York per testimoniare a suo favore.

Ma il Papa, consapevole della natura accomodante di Guerri e non volendo che la portata della sua collaborazione con l'imputato fosse messa in discussione al banco dei testimoni, lo trattenne a Roma.

Il processo si conclude nell'autunno del 1980 con la condanna di Sindona a venticinque anni di reclusione. Pochi, a parte quei membri dell'opinione pubblica che espressero indignazione quando vennero a conoscenza per la prima volta delle malefatte finanziarie di Sindona, credono che tale pena verrà mai scontata. Almeno un giornale anticlericale suggerì che Papa Paolo VI era stato fortunato a non essere stato chiamato a testimoniare insieme al suo banchiere.

Alla fine, al Papa rimasero due ricordi della loro collaborazione. La Chiesa aveva subito una pesante perdita finanziaria che significava, come affermò il Papa con un gesto di pentimento del tutto gratuito, che la Sposa di Cristo era sull'orlo della bancarotta; mentre era stata istituita una nuova agenzia amministrativa per la finanza che egli aveva fondato grazie all'aiuto di Sindona.

A capo di questa era il cardinale Vagnozzi, delegato apostolico a New York. Era assistito dal cardinale Hoeffner, di Colonia, e dal cardinale John Cody di Chicago.

3.

L'ultimo dei tre citati stava per fare un ingresso sensazionale nelle cronache. Il cardinale John Patrick Cody, settantatreenne, figlio di un pompiere di St. Louis, era arcivescovo della più grande diocesi cattolica romana d'America. Aveva quindi la gestione di molte migliaia di fondi ecclesiastici esenti da tasse. Nell'autunno del 1981 la sua congregazione fu sconvolta, come solo i fedeli membri della Chiesa possono esserlo, da voci che presto si rivelarono fondate, secondo cui l'ufficio del procuratore generale degli Stati Uniti a Chicago stava indagando sugli affari finanziari di Cody.

Un Gran Giurì federale aveva anche chiesto di esaminare i registri di una società di investimento di St. Louis, dove una certa signora Helen Dolan Wilson aveva un conto.

L'indagine, molto insolita nel caso di un cardinale contemporaneo, verteva su quello che veniva definito il dirottamento, la disposizione o l'uso improprio di fondi della Chiesa per un importo superiore a 500.000 sterline inglesi. Venne anche alla luce che la Conferenza Nazionale dei Vescovi Cattolici aveva perso più di quattro milioni di dollari in un solo anno, durante il quale il cardinale era stato tesoriere.

La signora Wilson, coetanea del cardinale, era indicata in vari modi come sua parente acquisita, sua sorella, sua nipote, mentre Cody di solito parlava di lei come sua cugina.

Suo padre, secondo giudizi più precisi, aveva sposato la zia del cardinale, mentre altri erano certi che non esistesse alcun legame di sangue tra loro. La coppia in questione affermava che l'unico legame era quello fraterno, nato durante l'infanzia a St. Louis.

"Siamo cresciuti insieme", spiegò la signora Wilson. Il fatto che fossero rimasti amici intimi era quindi una conseguenza naturale.

Viaggiavano insieme e negli ultimi venticinque anni lei aveva seguito ogni suo spostamento nella diocesi. Lui era diventato, in senso religioso, il suo "supervisore", un ruolo che lei trovava utile quando il suo matrimonio, dal quale era rimasta con un figlio, era finito in tribunale con un divorzio.

Per il cardinale fu abbastanza facile trovarle un posto come impiegata in un ufficio collegato alla Chiesa di St. Louis. Le sue presenze erano tutt'altro che regolari, ma, che lavorasse o meno, continuava comunque a percepire lo stipendio dalla Chiesa. Aiutò anche suo figlio ad avviare un'attività nella stessa città come agente assicurativo, incarico che Wilson lasciò quando, insieme al cardinale, iniziò a occuparsi di "immobili".

La signora Wilson andò in pensione dopo aver guadagnato un modesto stipendio di 4.000 sterline all'anno, ma in breve tempo divenne nota per avere un patrimonio di quasi un milione di dollari, principalmente in azioni e obbligazioni. Era anche beneficiaria di una polizza assicurativa di centomila dollari sulla vita del cardinale, sulla quale aveva contratto un prestito.

Le indagini condotte dal Gran Giurì Federale e rese pubbliche dal Chicago *Tribune* e *dal Sun-Times* scatenarono una valanga di accuse. Il cardinale avrebbe dato alla moglie la maggior parte del denaro scomparso. Una parte era stata utilizzata per comprarle una casa a Boca Raton, in Florida: c'erano anche un'auto di lusso, abiti costosi e pellicce, oltre a regali in contanti per le vacanze.

Il cardinale, sebbene rattristato e sentendosi rifiutato a causa delle accuse, era fermo nel dire che non aveva bisogno di contraddirle. Era pronto a perdonare tutti i responsabili. La signora Wilson era altrettanto ferma nell'affermare di non aver ricevuto denaro dal cardinale. Dire che tra loro ci fosse qualcosa di più dell'amicizia era una bugia malvagia, o addirittura uno scherzo. Era fortemente risentita per lo scandalo e per essere stata dipinta come una donna mantenuta o (come dicevano i suoi connazionali) una "sgualdrina".

Se non fosse stato per le numerose cadute in disgrazia che hanno colpito la Chiesa moderna, un caso come questo non avrebbe meritato più di una menzione. Ma ora solleva alcune domande. Si è trattato di una montatura, parte del desiderio secolare di gettare discredito sulla Chiesa? Il cardinale era personalmente corrotto? O era uno degli infiltrati che, senza alcuna reale convinzione religiosa, sono stati segretamente accolti nella Chiesa al solo scopo di logorarne il tessuto morale e tradizionale?

Alla luce di altri strani avvenimenti, non c'è nulla di stravagante in questa ipotesi, che sembra trovare conferma in un lungo articolo pubblicato sul *The Chicago Catholic* del 29 settembre 1978. È stato indetto un Congresso liturgico arcidiocesano con lo scopo, come ha affermato uno dei modernisti fanatici del gergo, di mantenere la Chiesa "viva, in movimento, in cambiamento, in crescita, in rinnovamento, dopo alcuni secoli di parziale paralisi".

Come parte di questo processo, gruppi di ballerini si esibivano sotto luci multicolori lampeggianti, le trombe suonavano, la gente si spintonava per afferrare palloncini gonfiati a gas e indossava spille con la scritta "Gesù ci ama"; mentre un sacerdote, considerato un esperto della nuova liturgia, con il volto imbiancato come quello di un clown, sfilava con un cappello a cilindro e una pancia grossolanamente esagerata che spuntava dal mantello che indossava.

Lo sfondo di tutto questo era costituito da paramenti sacri, stendardi e un miscuglio di murales, che, nello stile approvato dell'"arte moderna", non rivelavano altro che spruzzi di vernice applicati con noncuranza. La Messa che segnò la chiusura di questo Congresso davvero ridicolo (che, come vedremo, era solo un debole riflesso di ciò che accadeva altrove e che non sarebbe mai stato immaginabile prima dei giorni del "Buon Papa Giovanni") fu presieduta dal cardinale Cody.

In un'altra occasione *il Chicago Tribune*, in un articolo che descriveva quello che veniva definito un "altare dei gay", riferiva di una concelebrazione (cioè la celebrazione dell'Eucaristia da parte di due o più sacerdoti) in una chiesa di quella città: Centoventidue sacerdoti erano presenti a quella che passava per una Messa, e ognuno di loro era un pervertito morale dichiarato.

Nessuna di queste profanazioni suscitò una parola di protesta da parte del cardinale John Patrick Cody.

Morì di infarto nell'aprile del 1982, mentre questo libro era in preparazione.

Parte settima

Guai a chi non sa indossare la maschera, che sia re o papa.

Pirandello.

Il dare e avere delle relazioni umane pone un problema più difficile di quelli che normalmente vengono attribuiti alla scienza. Questi ultimi, infatti, con ogni probabilità saranno risolti col tempo; ma quando si tratta di persone, specialmente di quelle che non sono più tra i vivi, ci troviamo di fronte a domande che, in questo nostro mondo, difficilmente potranno trovare risposta.

Ad esempio, ci si deve chiedere perché due prelati, a pochi mesi di distanza l'uno dall'altro, siano morti entrambi in circostanze che non sono normalmente associate a nessun ecclesiastico, e, più in particolare in questi casi, a ecclesiastici di alto rango.

Quando un gruppo di parigini, dopo aver assistito a una festa religiosa in campagna, tornò nella capitale a tarda notte di domenica 19 maggio 1974, alcuni di loro notarono che il sacerdote che li aveva accompagnati sembrava malato e stanco.

Si trattava di Jean Danielou, sessantanove anni, cardinale; un personaggio non convenzionale, difficile da inquadrare per la gente comune che lo conosceva poco. Entrato nel noviziato dei gesuiti nel 1929, era stato ordinato sacerdote nove anni dopo. Autore di quattordici libri di teologia e preside della Facoltà di Teologia dell'Università di Parigi, era anche membro dell'Académie Française.

Pur rivelando poco, fece alcune affermazioni su se stesso che suscitavano domande e persino polemiche. "Sono pagano per natura e cristiano solo con difficoltà", era una di queste, anche se, naturalmente, essa esprime un punto di vista condiviso da molti dei suoi correligionari, che sanno bene che tra l'affermazione e l'incredulità c'è solo un filo sottile. Era consapevole dei nuovi elementi che si stavano formando e rafforzando all'interno della Chiesa e, sebbene giudicasse liberamente - "Si è diffuso un tipo di paura che porta a una vera e propria capitolazione intellettuale di fronte agli eccessi carnali" - i conservatori non potevano più annoverarlo tra i loro, così come i progressisti più espliciti. Nel 1967 fu uno dei fondatori della Fraternità di Abramo, un gruppo interreligioso che riuniva le tre religioni monoteistiche, l'Islam, l'Ebraismo e il Cristianesimo.

"Oggi è un'epoca in cui pecchiamo contro l'intelligenza". Entrambe le parti avrebbero potuto rivendicare questa affermazione come un motto. Alcuni lo accusavano, quando sembrava trattenersi, di essere pudico. Ma lui sosteneva sempre di essere imparziale. "Sento nel profondo del mio essere che sono un uomo libero". Ma la libertà, quando non è uno slogan politico, non può essere tollerata nel mondo più della verità (come aveva capito secoli prima la contadina Giovanna d'Arco). E più Danielou si ritirava dalla società e viveva tranquillamente nella sua residenza in Rue Notre-Dame des Champs, senza segretario né automobile, più diventava sospetto o apertamente antipatico.

Nulla di tutto ciò gli sfuggiva, ma cercava di non soffermarsi troppo. Se lo avesse fatto, avrebbe ammesso di essere stato scoraggiato, un fallimento evidente che non aveva approfittato della promessa che gli era stata offerta dalla sua ascesa nella Chiesa. In seguito scoprì, o almeno arrivò a credere, che i suoi oppositori stavano tramando e complottando contro di lui. C'era infatti una vera e propria campagna di voci e allusioni sulla stampa che lo costringeva, anche se era più una questione di scelta che di forza dell'opposizione reale, a mantenere una posizione stabile ma relativamente poco influente ai margini delle cose.

Così rimase, una figura problematica che tornò a casa quella domenica a mezzanotte dopo una giornata estenuante in campagna. Ma il lunedì non portò alcun cambiamento nella sua routine. Celebrò la messa, come al solito, alle otto, poi lavorò nel suo ufficio e ricevette alcuni visitatori. Pranzò in un ristorante e poi fece visita a un professore della Sorbona.

Sembra che, per qualche motivo inspiegabile, parte della sua posta fosse stata recapitata a un indirizzo in Rue Monsieur; infatti, dopo averla ritirata, era tornato a casa alle tre e, un quarto d'ora dopo, era uscito dicendo che sarebbe tornato alle cinque.

Ma non tornò. Alle tre e quarantotto la polizia ricevette un messaggio urgente da una certa signora Santoni, che occupava un piano superiore al numero cinquantasei di Rue Dulong, un quartiere poco raccomandabile appena a nord del Boulevard des Batignolles. Il suo messaggio fece accorrere la polizia sul posto, poiché diceva che una persona non meno importante di un cardinale era morta nella sua abitazione.

Lui, Danielou, era passato lì poco dopo le tre e mezza. Qualcuno le aveva detto che era salito di corsa le scale a quattro a quattro, poi era crollato in cima, con il viso viola, e aveva perso conoscenza. Lei gli aveva strappato i vestiti e aveva chiamato aiuto. Ma era impossibile rianimarlo e i primi soccorritori avevano assistito impotenti al suo arresto cardiaco.

In risposta a un annuncio radiofonico della morte del cardinale, il nunzio apostolico, insieme al provinciale dei gesuiti di Francia e a padre Coste, superiore dei gesuiti di Parigi, arrivarono all'appartamento, insieme ai giornalisti di *France Soir* e alle suore chiamate per occuparsi del corpo che era però già troppo rigido per essere preparato per il funerale.

Padre Coste si rivolse ai giornalisti. Era essenziale mantenere la massima discrezione e, dopo averlo detto, proseguì affermando che il cardinale era morto in strada, o forse sulle scale, dopo essere caduto in strada.

"Oh no, non è vero", intervenne Madame Santoni. Padre Coste si oppose alla sua interruzione, gli altri ecclesiastici si unirono a lui, la polizia disse la sua, i giornalisti fecero domande e, al culmine della discussione, sebbene nessuno l'avesse vista andare via, Madame Santoni scomparve e non fu più vista durante l'inchiesta.

Ora, la signora in questione meritava pienamente il titolo di Madame. Era ben nota alla polizia e alla stampa, una bionda di ventiquattro anni che si prostituiva con il nome di Mimi, a volte come hostess in un bar, ballerina go-go in un cabaret notturno o spogliarellista a Pigalle. Non era mai reperibile a casa sua, che era gestita come un bordello dal marito. All'epoca, tuttavia, era temporaneamente chiusa, poiché il marito era stato condannato solo tre giorni prima per sfruttamento della prostituzione.

Le spiegazioni fornite dalla Chiesa erano vaghe e in linea con il verdetto generale secondo cui il cardinale aveva avuto un'embolia o un infarto. Il cardinale Marty, arcivescovo di Parigi, rifiutò la richiesta dei cattolici e dei laici di avviare un'inchiesta sulla morte del cardinale. Dopotutto, spiegò, il cardinale non era lì per difendersi. Forse fu un ripensamento infelice che spinse l'arcivescovo a parlare della necessità che il cardinale si difendesse. L'elogio funebre fu pronunciato a Roma dal cardinale Garrone, che disse: "Dio ci conceda il perdono. La nostra esistenza non può non includere un elemento di debolezza e di ombra".

Ci si può chiedere quanto sia stato profondo il ripensamento di Garrone, dato che, pur essendo noto per appartenere a una società segreta, ha sfacciatamente resistito e si è aggrappato al cappello rosso. Un commento del giornale ortodosso *La* Croix è stato più breve e più diretto:

"Qualunque sia la verità, noi cristiani sappiamo bene che ognuno di noi è un peccatore".

Questo tipo di avvenimenti fornì ai giornali anticlericali di sinistra materiale per una settimana. Uno di questi, *Le Canard Enchainé,*[15], aveva già ottenuto un grande successo alcuni anni

---

[15] Si tratta di un equivalente francese leggermente più radicale di Private *Eye*.

prima, in una controversia sulla proprietà di una serie di bordelli a pochi metri dalla cattedrale di Le Mans. Il giornale sosteneva che fossero di proprietà di un alto dignitario della Chiesa. I suoi amici e colleghi negarono con forza. Ma il giornale ebbe ragione. Ora la stessa fonte non esitava ad affermare che il cardinale conduceva una doppia vita.

Era sotto osservazione da tempo, una misura ordinata nientemeno che dal primo ministro Chirac. Lui e Jacques Foccard, ex ministro dell'Interno, sapevano perfettamente che il cardinale faceva regolarmente visita a Mimi.

Ciò a sua volta fu ridicolizzato dai sostenitori di Danielou, al che il giornale ribatté che potrebbero esserci altre rivelazioni in arrivo. Se pubblicassimo tutti i dettagli, basterebbe a zittire per il resto dei tuoi giorni.

La verità di questa strana storia potrebbe risiedere in una delle quattro possibili spiegazioni.

Una delle cause potrebbe risiedere negli effetti del Concilio Vaticano II. Alcuni sostenevano che Danielou lo considerasse un disastro positivo, e sappiamo che descriveva la scuola teologica più liberale, nata proprio dal Concilio, come lamentabile, miserabile, esecrabile, infelice. Molti se ne risentirono, soprattutto quando continuò definendoli assassini della fede. Decise di fare tutto il possibile per impedire che la fede venisse secolarizzata e degradata, e questo lo portò a pensare che, dato che gli animi umani sono altrettanto accesi all'interno della Chiesa quanto all'esterno, era in pericolo. Ciò spiegherebbe la vita piuttosto chiusa che conduceva a Parigi.

Ma fece sapere che era determinato a opporsi e stilò un elenco di coloro che definiva traditori della Chiesa. Alcuni di coloro i cui nomi erano inclusi nel listino gli lanciarono contro fiamme d'ira, ma egli annunciò pubblicamente che intendeva rendere pubblico l'elenco.

Quattro giorni dopo, secondo una teoria sostenuta da molti che non sono certo dei pesi leggeri, fu assassinato proprio da coloro che avrebbe nominato. Poi, ispirati da una sorta di macabro umorismo, quelli che aveva chiamato "assassini" fecero portare via il suo corpo e lo gettarono in un bordello. Dopo di che, la sorprendente scoperta poté essere facilmente organizzata.

Questo è scritto con la piena consapevolezza di quanto possa apparire scandaloso a chi guarda alla Chiesa da un punto di vista puramente parrocchiale, nell'allegra ignoranza della sua storia medievale destinata a ripetersi, con tutti i colpi bassi e le coppe avvelenate di quel periodo, nel giro di pochi anni e proprio all'interno delle mura del palazzo vaticano.

Oppure Danielou era stato, in precedenza, uno di quegli infiltrati di cui era venuto a detestare l'influenza? Dopo essere stato iniziato a una delle società segrete opposte alla Chiesa, aveva subito un cambiamento di opinione che lo aveva fatto considerare una minaccia? Ci sono prove sufficienti che quelle società non avevano, e non hanno tuttora, scrupoli nel trattare i dissidenti.

Questa ipotesi non è priva di fondamento. Infatti, in Rue Puteaux, a Parigi, c'è un'antica chiesa la cui cripta funge da Gran Tempio della Gran Loggia di Francia. Circa tre anni prima della morte di Danielou, il vescovo ausiliare di Parigi, Daniel Pezeril, era stato accolto nella Loggia, dopo aver pubblicato un comunicato per giustificare la sua azione. In esso diceva: "Non è la Chiesa che è cambiata. Al contrario, è la Massoneria che si è evoluta". Fu proprio a monsignor Pezeril che papa Paolo VI chiese di cercare un modo per colmare il divario tra la Chiesa e le società segrete.

Il cardinale Danielou era stato un assiduo frequentatore della cripta, dove era stato visto in consultazione con uno dei Maestri della Loggia che era stato insignito del titolo di Gran Segretario dell'Obbedienza. Ci si deve quindi chiedere se la risposta al mistero risieda in coloro con cui Danielou aveva conferito nella cripta.

Ma la storia diffusa dai giornali satirici era la più stridente e insistente, nonché la più conosciuta. Si sosteneva che fosse stato evidente, a chi si trovava nell'appartamento di Madame Mimi prima dell'arrivo della polizia, che il corpo di Danielou fosse stato vestito in fretta. E se non era uno dei suoi clienti, perché era andato lì con tremila franchi trovati nel suo portafoglio?

I divulgatori di tali scandali conclusero che il cardinale era morto in stato di estasi, se non di grazia.

Un'altra versione ancora più recente porta la storia ai giorni nostri, con un processo che ora (siamo nel novembre 1981) ha superato la fase iniziale a Parigi.

La vigilia di Natale del 1976, il principe Jean de Broglie fu ucciso a colpi di pistola mentre usciva dalla casa di un amico. Le indagini necessarie portarono alla luce una vasta rete di frodi, complicità e ricatti che coinvolgevano l'ex presidente Giscard d'Estaing e un suo amico, il principe Michel Poniatowski.

Quest'ultimo aveva recentemente estromesso Jacques Foccard dalla carica di ministro dell' e Interno, e Foccard stava ora utilizzando una donna, nota anche a Giscard, per ottenere denaro dal principe. Foccard è già stato menzionato in relazione al caso Danielou.

Poiché l'operazione nota fa ovviamente parte di un vasto insabbiamento, non è più possibile, né necessario in questa sede, svelarne i dettagli, che gettano tutti gli interessati in una luce molto oscura. Ma si sostiene che essi spieghino la presenza di Danielou nel bordello e i tremila franchi trovati addosso a lui. Si trattava di una delle rate che egli aveva pagato negli ultimi tre mesi per conto di qualcuno, definito un suo amico, che era vittima di un ricatto.

Il finale più disarmante di tutta questa vicenda è arrivato con una breve notizia pubblicata su un settimanale religioso inglese, il *Catholic Herald*, che annunciava la morte del cardinale Danielou a Parigi.

2.

Per quanto breve sia la memoria del pubblico, forse alcuni parigini che notarono un vescovo proveniente dal sud-ovest del loro paese scendere da un treno nel pomeriggio del 12 gennaio 1975, conservavano ancora qualche pensiero sulla misteriosa morte del cardinale Danielou.

Si trattava di monsignor Roger Tort, cinquantasette anni, vescovo di Montauban, sul fiume Tam, a nord di Tolosa. Doveva partecipare a una riunione della Commissione episcopale francese e si recò immediatamente in una stanza che aveva prenotato presso la sede della Società di Aiuto Cattolico in Rue de Bac. I suoi spostamenti nei due giorni successivi non sono stati registrati, ma giovedì 15 pranzò nella sede della Commissione in Rue du Regard, sulla riva sinistra della Senna. È possibile che da lì si sia recato a trovare un amico conosciuto durante la guerra, ma non sappiamo nulla di certo su di lui fino a quando, nella notte del 16, fu dato l'allarme e fu chiamata la polizia.

L'agitazione si concentrò in Rue du Ponceau, sempre sulla rive gauche, una stradina che si diramava da Rue Saint-Denis, un quartiere noto per i bordelli, le prostitute e i sexy shop, dove lampeggiavano invitanti luci rosse. La donna che diede l'allarme gestiva uno dei bordelli. Aveva trovato un uomo in evidente stato di malattia davanti alla porta di casa sua e aveva chiesto aiuto a due sue colleghe per trascinarlo dentro. A quel punto era già morto.

Chi era? Lei non lo sapeva né le importava. Non l'aveva mai visto prima. Aveva fatto quello che poteva per puro "umanitarismo". Le lampade rosse lampeggiavano mentre arrivavano altre persone e le versioni contraddittorie continuavano. Lo sconosciuto era morto di infarto, tra le sette e le undici, in strada, o nel corridoio, o in una delle stanze. Un giornalista affamato di notizie, disse che il vescovo, una volta confermata la sua identità, aveva fatto molta strada dal suo alloggio e dal luogo della riunione della Commissione. Il giornalista continuò dicendo, sostenuto da un giudizio affrettato della polizia, che, come nel caso di Danielou, il corpo sembrava essere stato vestito in fretta.

Un apologeta clericale consigliò in seguito a tutti gli interessati di abbandonare tali pensieri in quanto totalmente indegni. Egli sottolineò che Monsignor Tort, quando fu trovato, indossava ancora l'anello vescovile e la croce pettorale, e che il rosario era ancora nella sua tasca. Sicuramente la presenza di tali oggetti era sufficiente a dimostrare che "nessuna intenzione inammissibile" lo aveva portato in quel quartiere?

I fatti, per quanto potevano essere conosciuti, non ammettevano alcuna interpretazione vergognosa. La Chiesa assolse il defunto da ogni colpa morale e nel giro di poche settimane un nuovo vescovo fu insediato nella piccola cattedrale di Montauban.

Una lettura elementare di questi due episodi potrebbe essere interpretata come prova che gli ecclesiastici (soprattutto quelli cattolici e, più in particolare, quelli di rango elevato) possono essere ipocriti e corrotti. Questo, naturalmente, non sarà contestato da nessuno, tranne che da chi è volutamente cieco; e il fatto che essi possano essere membri di società segrete, in primo luogo e in ultimo, e quindi privi di autentica convinzione religiosa, è il tema di queste pagine. Ma non ci sono prove che colleghino le due morti.

Nel caso del cardinale, ci sono segni, anche se provvisori, che egli fosse stato persuaso a svolgere un ruolo minore in un grave scandalo politico, o che avesse preso una posizione definita in una disputa religiosa; e le dispute religiose, come le guerre civili, non ammettono quartiere. Non vi è tuttavia alcuna traccia che Monsignor Tort fosse coinvolto in qualcosa di sconcertante. Si può solo ipotizzare che sia stato vittima della sua debolezza personale, di un incidente o del desiderio di qualcuno di screditare la religione.

Ma, così com'è, la somiglianza tra le due morti è sconcertante.

Parte ottava

> *L'atmosfera cristiana, la tradizione e la moralità cristiana... stanno diminuendo e sono in gran parte sostituite da uno stile di vita e di pensiero opposto a quello cristiano.*
>
> Papa Pio XII.

Questa sezione riguarda alcuni dei cambiamenti più drammatici dell'intera storia; cambiamenti il cui significato ultimo è stato, nel senso popolare, in gran parte ignorato e, per questo motivo, sono stati accettati senza commenti dal mondo in generale. Ma sono cambiamenti che hanno dato il tono al nostro presente, stanno plasmando il nostro futuro e, col tempo, saranno così consolidati che sembrerà sciocco o eccentrico metterli in discussione. A rischio di sembrare noiosi, e per sottolineare un punto fondamentale, è necessario ribadire che meno di una generazione fa la Roma religiosa era considerata l'unico centro fisso della fede che non sarebbe mai cambiato. Era immune alle novità. Disprezzava la moda e sovrastava quello che viene chiamato lo spirito del tempo.

Sicura di sé, non ammetteva speculazioni, né congetture che troppo spesso vengono spacciate per scoperte. Manteneva un unico atteggiamento e insegnava, secolo dopo secolo, un unico messaggio che era sempre lo stesso. Questo era ciò che affermava di sé stessa, ciò che i suoi seguaci sostenevano e ciò che i suoi nemici riconoscevano.

Ma proprio come ai nostri giorni abbiamo assistito alla diffusione del comunismo, così all'inizio del secolo un altro movimento, l'o, minacciò quello che potremmo definire l'ordine più statico del pensiero. Si trattava, in parole povere, di una commistione delle preoccupazioni liberali e scientifiche del XIX secolo, il cui obiettivo era quello di sottoporre la Bibbia allo stesso tipo di critica a cui erano stati sottoposti il mondo politico e quello scientifico. L'evoluzione, in contrapposizione alla verità consolidata e accettata, era nell'aria; il dogma era messo in discussione e molti vedevano in questo, anche se alcuni dei suoi propagatori forse non intendevano arrivare così lontano, una negazione della religione soprannaturale.

Il papa regnante dell'epoca, Pio X, denunciò il Modernismo, come veniva chiamato il nuovo movimento, come nientemeno che un libero pensiero, un'eresia pericolosissima. Un'enciclica, pubblicata nel 1907, e una condizione che egli stabilì pochi anni dopo, secondo cui il clero era tenuto a prestare un giuramento antimodernista, dimostrarono la sua ferma opposizione. Una situazione simile si creò in seguito quando Pio XII, trovandosi faccia a faccia con il comunismo, lo condannò ripetutamente e nel 1949 promulgò la sentenza di scomunica contro qualsiasi cattolico che lo avesse tollerato o sostenuto in qualsiasi modo.

Ma ben presto emerse una differenza molto significativa tra l'accoglienza riservata all'opposizione espressa dai due papi. Pio X era stato accusato, principalmente, di arroganza e intolleranza. Ma Pio XII, facendo eco ai sentimenti di Pio IX, Leone XIII e Pio XI, non solo fu ridicolizzato dai giornalisti d'avanguardia, uno dei quali lo definì "aristocratico di provincia", ma fu anche osteggiato e contraddetto dall'uomo che nel 1963 salì al soglio pontificio con il nome di Paolo VI.

La sua simpatia per la politica di sinistra non era mai stata messa in dubbio. Aveva collaborato con i comunisti. La sua enciclica Populorum Progressio, pubblicata nel 1967 sullo sviluppo del mondo, fu criticata negativamente dal Wall Street Journal come "marxismo riscaldato".[16] Ma il suo schierarsi apertamente dalla loro parte e il suo ribaltamento dei precedenti giudizi papali segnarono una nuova svolta per un pontefice dell' o, le cui parole raggiungevano gran parte del mondo cristiano.

Era perfettamente in sintonia con l'epoca moderna e sensibile alle correnti del tempo. Era pronto ad aprire porte che tutti i suoi predecessori, anche quelli di carattere dubbio, avevano tenuto chiuse. Ciò fu chiarito nel 1969, quando disse: "Stiamo per assistere a una maggiore libertà nella vita della Chiesa e quindi in quella dei suoi figli. Questa libertà significherà meno obblighi e meno divieti interiori. Le discipline formali saranno ridotte... ogni forma di intolleranza e di assolutismo sarà abolita".

Tali dichiarazioni furono accolte con favore da alcuni, mentre altri tra i suoi ascoltatori furono presi dall'apprensione; e quando egli definì alcuni punti di vista religiosi normalmente accettati come distorti dall' o e sostenuti solo da persone polarizzate o estremiste, le speranze o i timori di entrambe le correnti di pensiero sembrarono giustificati. Stava preparando il terreno per quella che sarebbe stata praticamente una nuova religione, libera da nozioni e pratiche consolidate e che abbracciava tutti i vantaggi del mondo moderno, o era deciso a ridimensionare la religione consolidata fino a farla apparire, invece che decisiva e unica, solo una fede tra tante?

Così le due parti aspettarono. Da una parte c'era chi era favorevole a una promessa di allentamento, dall'altra chi temeva che molti dei loro tradizionali punti di appoggio stessero per essere smantellati.

---

[16] Robert Kaiser, che approvò le innovazioni del Concilio Vaticano II.

2.

Anche in questo caso, ritengo necessario ribadire che quanto segue non è né un attacco né una difesa. Si tratta di una semplice sintesi degli eventi accaduti e delle dichiarazioni rese; e se appaiono di parte, la colpa non è dell'autore, ma di Papa Paolo, che le ha rese tutte dello stesso tenore.

Egli contestò e condannò il fronte compatto presentato da Pio X di fronte al Modernismo. L'imposizione da parte di quest'ultimo di un giuramento antimodernista fu considerata un errore, quindi Paolo VI lo abolì. L'Indice dei libri proibiti e le prerogative del Sant'Uffizio con il suo diritto storico di imporre interdetti e scomuniche erano ormai cose del passato. Il diritto canonico della Chiesa, fino ad allora considerato un pilastro, custode e promulgatore delle decisioni e dei giudizi, fu aperto alla critica e, se necessario, alla revisione. La storia e i libri di testo, scritti da un punto di vista prevalentemente cattolico, furono censurati o riediti.

I contatti della Chiesa con il mondo e con le altre religioni dovevano essere più aperti e non più condotti dall'alto di una posizione di autorità, conoscenza ed esperienza superiori. Fu dichiarato che non esisteva una verità assoluta. La discussione o il dialogo dovevano sostituire la dichiarazione. Da questi cambiamenti sarebbe emersa una nuova società di cultura umanistica, con un apparente background cattolico fornito da teologi avanzati che, sotto Pio XII, erano stati tenuti ai margini della Chiesa.

Tra questi c'era Hans Kung, le cui opinioni erano considerate più antiortodosse di quelle avanzate da Lutero. Egli affermò di essere stato difeso in modo particolare da Paolo VI. Il gesuita tedesco Karl Rahner, il cui pensiero era stato in precedenza disapprovato perché troppo estremo, ricevette ora da Paolo VI vai avanti'. Il domenicano Schillebeeckx seminò lo sgomento tra il clero olandese già demoralizzato con affermazioni come quella che il cristianesimo avrebbe dovuto, prima o poi, arrendersi all'ateismo, poiché l'uomo più onesto e naturale era quello che non credeva in nulla.

Maestri come questi, lungi dall'essere rimproverati, mantennero le loro posizioni sicure e ottennero dalla stampa una pubblicità che di solito non era riservata agli ecclesiastici. Persino un giornale irlandese definì Hans Kung e Schillebeeckx "i teologi più eminenti del mondo": e la convinzione che essi potessero contare su un potente sostegno si rafforzò quando in alcuni ambienti ecclesiastici si venne a sapere che prelati come Suenens e Alfrink avevano minacciato di formare un "sindacato dei cardinali" se Hans Kung e i suoi scritti fossero stati condannati.

Il divieto totale del comunismo e dei suoi sostenitori, imposto da Pio XII, era dato per scontato, anche se non era mai stato effettivamente applicato. Ma nonostante ciò, c'erano richieste per la sua abolizione.

Invece di una resistenza gelida al comunismo, che era stata una caratteristica accettata della Chiesa storica, iniziò un disgelo, e ben presto non fu più degno di nota che un sacerdote parlasse e agisse a favore del marxismo. Alcuni accompagnarono il loro cambiamento di opinione con una professione di disprezzo per il passato, come fece Robert Adolphs, priore dell'influente casa agostiniana di Eindhoven, in Olanda.

Scrivendo in *The Church is Different* (Burns and Oates), affermò che la filosofia di San Tommaso d'Aquino rappresentava "un tipo di pensiero occidentale piuttosto arido". Denunciò l'antimodernismo di Pio X come un "movimento fascista all'interno della Chiesa" e ridicolizzò gli

avvertimenti di Pio XII, che immaginava di "dover combattere una sorta di cospirazione modernista clandestina che si serviva di un'organizzazione segreta molto diffusa per minare le fondamenta della Chiesa cattolica".

Il professore fiammingo Albert Dondeyne fu più esplicito in *Geloof en Wereld (Fede e mondo)*, dove criticò la mentalità della

Chiesa per essere sempre stata convinta in mod o della totale perfidia del comunismo. Egli definì estremamente pericolosa l'abitudine della Chiesa di presentare le cose come se il cristianesimo fosse semplicemente e senza riserve contrario all'ordine comunista della società.

"La società cristiana", proseguiva, "rende Dio servitore di una sorta di interesse di partito cristiano.

Può", continuava, "identificare il comunismo con il diavolo, ma cosa succederebbe se questo particolare diavolo fosse stato evocato dagli errori e dalle mancanze del cristianesimo stesso?". Ammetteva che l'aspetto disumano del marxismo non poteva essere negato. "Ma questo non esclude del tutto che nel comunismo esistano valori positivi importanti, ai quali il cristianesimo del XIX secolo avrebbe dovuto essere aperto e ai quali il cristianesimo deve rimanere ricettivo ancora oggi".

Una richiesta simile proveniva da una fonte del tutto inaspettata, il quotidiano semi-ufficiale del Vaticano *L'Osservatore Romano*, che raccomandava di insegnare ai cattolici a collaborare con i marxisti per il bene comune. Il comunismo, si sosteneva, era cambiato radicalmente dai tempi di Lenin e Stalin e non c'era più alcun motivo per cui la Chiesa, se non altro per il suo aspetto umanitario, non dovesse considerarlo un alleato. Le vecchie differenze tra loro stavano scomparendo e la Chiesa doveva ora riconoscere, come stavano per fare diversi governi dell'Europa occidentale, che il comunismo aveva un ruolo fondamentale da svolgere nel contribuire a plasmare il futuro.

I tradizionalisti guardavano a questi progressi con non poca apprensione. A loro avviso, si stava aprendo una porta attraverso la quale elementi marxisti potevano entrare nella loro roccaforte; e questi timori aumentarono quando funzionari comunisti e vaticani mostrarono segni di voler stringere un'alleanza fino ad allora impensabile.

I prelati i cui nomi potrebbero essere noti al pubblico, i sempre disponibili Suenens, Willebrands, Bea e Konig di Vienna, si mostrarono pronti a camminare mano nella mano con agenti provenienti da Mosca, che solo poco tempo prima avevano ridicolizzato la pretesa della Chiesa alla sovranità morale sulle menti degli uomini. Nessuna delle due parti fece più riferimento a tale pretesa. Al contrario, un elenco di dettagli i quotidiani, che nel corso degli anni era cresciuto costantemente, dimostrava come i portavoce atei e ortodossi stessero passando dal dialogo a una serie di scambi amichevoli.

L'arcivescovo Casaroli, che fungeva da intermediario tra il Vaticano e gli Stati satellite, volò con un aereo di linea rosso nella capitale sovietica. Lui e i membri del Comitato Centrale brindarono insieme al Cremlino. Cenò con funzionari del KGB in Bulgaria e poi in Cecoslovacchia.

La stampa laica diffuse tali notizie come prova che la Chiesa era finalmente scesa dal suo piedistallo e stava accettando la democrazia; e il nervosismo precedentemente provato dai tradizionalisti si trasformò in vera e propria paura quando Paolo VI, tra il *1967* e il *1978*, con le sue parole e le sue azioni, diede prova di quel cambiamento molto netto nella *politica* vaticana.

Riassumiamo brevemente gli eventi allusivi di quel periodo. Le rivolte armate locali in Africa erano in aumento ovunque e il Papa sosteneva questi movimenti anche quando, non di rado, portavano al massacro di donne e bambini. Con un sorprendente voltafaccia, affermò che i cristiani di quelle zone erano i terroristi e che i bianchi che questi ultimi avevano cacciato avevano sempre esercitato un'influenza negativa. Quando i rossi presero finalmente il controllo delle province del Mozambico e dell'Angola, egli li salutò come legittimi rappresentanti del popolo ed espresse il desiderio personale di incontrare alcuni dei leader della guerriglia.

Tre di loro, Amilcar Cabral, Agostino Neto e Marcellino dos Santos, si recarono quindi in Vaticano, dove il Papa li accolse con un bacio sulla mano e consegnò loro una lettera che riconosceva *di* fatto il loro regime comunista. Ma fu meno disponibile quando una delegazione gli mostrò alcune immagini, alcune delle quali raccapriccianti, delle attività omicide compiute dai terroristi dell'Africa occidentale.

I giornalisti scettici si scambiarono sguardi d'intesa quando egli fece sforzi evidenti per metterle da parte.

Altrettanto sorprendente fu l'affettuoso rispetto che professò per Obote dell'Uganda, che aveva alle spalle una lunga storia di violenze e che, al momento in cui scriviamo, è ancora sulle prime pagine dei giornali come un tiranno ancora più sanguinario dell' e Amin. I neri dell'Uganda furono addirittura esortati dal Papa – deve essere stata la prima volta che un appello del genere proveniva da una fonte del genere – a prendere le armi contro i bianchi.

Ad Algeri, molti dei mezzo milione di cattolici presenti, guidati da monsignor Duval, furono massacrati quando la stragrande maggioranza della popolazione musulmana si rivoltò contro di loro. Duval abbandonò i suoi fedeli e si unì ai loro nemici, un atto di tradimento che fu ricompensato da papa Paolo VI con la nomina a principe della Chiesa.

Un'altra situazione sconcertante si verificò in Spagna, in un momento in cui le sparatorie contro la polizia da parte di uomini armati baschi avevano raggiunto livelli allarmanti. Cinque degli uomini armati furono catturati e condannati a morte.

Fu un momento di dolore per Papa Paolo, che definì le esecuzioni che seguirono "un atto omicida di repressione". Offrì preghiere speciali, ma solo per gli assassini.

Le loro vittime non furono mai menzionate. Incoraggiato da Roma, il comunismo conobbe una forte recrudescenza in Messico e negli Stati dell'America Latina. Monsignor Ignazio de Leon, parlando a nome dei vescovi messicani, dichiarò che la sua Chiesa si era dimostrata inutile di fronte ai problemi sociali. La maggior parte delle persone imparziali concorderà che probabilmente era vero. Ma un esempio migliore non poteva essere dato dal marxismo che egli predicava apertamente dal pulpito.

Il cardinale Henriquez celebrò un *Te Deum* nella sua cattedrale quando Salvador Allende, che si vantava di essere ateo, divenne presidente del Cile. Molti cattolici, influenzati dalla gerarchia ecclesiastica, avevano usato il loro voto per aiutarlo a salire al potere. Il nome di Cristo era ormai raramente udito in quei paesi un tempo altamente ortodossi, tranne quando veniva usato per invitare a un confronto spregiativo con luminari come Lenin e Mao Tse Tung. Il rivoluzionario Fidel Castro di Cuba era onorato come un uomo ispirato da Dio.

Le cause che destano sospetti sono talvolta mascherate da eufemismi, e gli osservatori allarmati dalle tendenze politiche di Papa Paolo erano inclini a credere che egli seguisse una politica espansionistica: Ma qualunque fosse la loro natura, le sue simpatie si estendevano certamente su un ampio raggio. Egli confessò di sentirsi spiritualmente vicino alla Cina comunista. Inviò il suo agente diplomatico accreditato presso l' e al governo comunista di Hanoi. Espresse il suo sostegno ai regimi atei della Jugoslavia e di Cuba. Avviò colloqui con il governo ungherese controllato dalla Russia.

Ma era meno cordiale nei rapporti con un paese tradizionalmente ortodosso come il Portogallo.

La sua presenza lì nel maggio *1967* suscitò commenti, sia per gli accordi quasi casuali che prese per incontrare il presidente cattolico Salazar, sia per il modo in cui (come osservò uno dei suoi più stretti collaboratori) praticamente borbottò durante la celebrazione della messa che segnò il culmine della sua visita.

Si dava per scontato che avrebbe accolto con favore un incontro con Lucia dos Santos, l'ultima sopravvissuta dei tre bambini che, nel *1917,* avevano assistito alle apparizioni e agli strani fenomeni che le avevano accompagnate nella piccola città di Fatima. Ma il Papa la liquidò con un secco:

"Su, su, più tardi". Come ripensamento, la rimandò a un vescovo.

Un'accoglienza diversa fu riservata a Claudia Cardinale e Gina Lollobrigida, quando il Papa le ricevette in Vaticano. Non erano certo vestite in modo appropriato per un'udienza papale, e la folla che si era radunata per ammirare le star espresse la propria ammirazione per la larghezza di vedute del Santo Padre.

Questo sembra il luogo adatto per presentare una relazione che mi è pervenuta tramite M. Maurice Guignard, ex studente della Compagnia di Gesù al collegio di San Francesco di Sales, a

Evreux, in Normandia. Il rapporto, datato 7 agosto 1972, proveniva da un organismo per la difesa della fede con sede a Waterloo Place, Hannover. Era stato redatto in "obbedienza" agli ordini impartiti da padre Arrupe, superiore generale della Compagnia, ed era opera di padre Saenz Arriaga, dottore in filosofia e in diritto canonico.

Oltre a questi influenti gesuiti, il documento è stato confermato e controfirmato dai seguenti membri della Compagnia:

- ➤ Il cardinale Danielou, la cui misteriosa morte, avvenuta nel 1974, è raccontata nella settima parte di questo libro.
- ➤ Padre Grignottes, segretario privato e confessore di padre Arrupe.
- ➤ Padre de Bechillon, ex rettore di Evreux.
- ➤ Padre de Lestapis, già di Evreux e per qualche tempo responsabile delle trasmissioni radiofoniche di Radio Vaticana.
- ➤ Padre Bosc, ex professore a Evreux e professore di sociologia all'Università del Messico.
- ➤ Padre Galloy, membro della facoltà del Collegio di Lione.

Riguardo al passato di Paolo VI, si afferma che dal 1936 al 1950 fu figura di spicco in una vasta rete di spionaggio che copriva alcuni dei paesi coinvolti nella seconda guerra mondiale, da entrambe le parti.

Si aggiunge che era uno dei principali azionisti, insieme all'arcivescovo maronita[17], di una catena di bordelli a Roma. Trovò i fondi per vari film, come il film erotico *Le tentazioni di Marianne*, che finanziò a condizione che il ruolo principale fosse assegnato a una certa attrice di nome Patricia Novarini. Quando non lavorava negli studi cinematografici, questa giovane donna

---

[17] I maroniti sono un gruppo di cattolici orientali, che prendono il nome dal loro fondatore, Maro, e si sono stabiliti principalmente in Libano.

si esibiva come spogliarellista al Crazy Horse Saloon, un night club esclusivo di Roma.

La tolleranza accordata alle star del cinema era però negata a coloro che, anche a caro prezzo, rifiutavano di scendere a compromessi con i russi. Uno di questi era il cardinale Slipyi che, in qualità di patriarca della Chiesa ucraina, aveva assistito alla morte, alla deportazione o alla scomparsa inspiegabile di circa dieci milioni di suoi correligionari cattolici. Alla fine fu arrestato e trascorse alcuni anni in prigione.

Una volta rilasciato, denunciò i "traditori di Roma" che collaboravano con i suoi oppressori. "Porto ancora sul mio corpo i segni del terrore", esclamò rivolgendosi a coloro che, come Papa Paolo, erano stati improvvisamente colpiti da sordità. Il Papa, infatti, rifiutò di riconoscerlo come Patriarca e da quel momento Slipyi incontrò un numero sorprendente di ostacoli e vessazioni ad ogni passo.

3.

Era prevedibile che l'atteggiamento del Vaticano si riflettesse, prima o poi, in un simile cambiamento di opinione tra il popolo romano; e le elezioni tenutesi nel 1978 portarono a un risultato che un tempo sarebbe stato considerato una catastrofe, ma che ora passò come un fatto normale. Il nuovo presidente era Sandro Pertini, membro di lunga data del Partito Comunista, che ben presto introdusse misure che interessarono ogni ambito della vita familiare italiana, fino ad allora così tranquilla.

Molti cattolici, influenzati dai rapporti amichevoli che esistevano tra i leader comunisti e il buon papa Giovanni, diedero il loro voto a Pertini.

I tradizionalisti ricordarono le indicazioni date dal marchese de Franquerie in *L'infaillibilité pontificale* a coloro che intendevano infiltrarsi nella Chiesa: "Diffondiamo il vizio tra le masse. Qualunque cosa i loro cinque sensi desiderino, sarà soddisfatta... Create cuori pieni di vizi e non avrete più cattolici". E ora, come aveva giustamente previsto il marchese, si verificò un crollo generale in ogni ceto sociale e in ogni ambito della vita: dalle scuole elementari alle fabbriche, per le strade e nelle case.

Aumentarono gli omicidi, così come i rapimenti di persone benestanti a scopo di estorsione. Il crimine e il caos prosperarono mentre una raffica di propaganda contro la polizia indeboliva la legge. L'assioma prevalente, e non solo tra i giovani, era che tutto era lecito. La pornografia fiorì. L'emblema della falce e martello fu dipinto sulle porte delle chiese e sui muri e sui cartelloni pubblicitari apparvero scritte che ridicolizzavano i sacerdoti, la Chiesa e la religione in generale.

La reazione del Papa a tutto questo non sorprese coloro che erano già costernati dalle sue opinioni filocomuniste. Egli invitò Pertini in Vaticano, dove si scoprì che i due uomini avevano così tanto in comune che il loro incontro fu descritto in seguito dal Papa come emozionante. "L'incontro ci ha avvicinato molto", disse. "Le parole dell'illustre visitatore erano semplici, profonde e piene di sollecitudine per il bene dell'uomo, per tutta l'umanità".

Nello stesso anno Giulio Argan divenne sindaco di Roma. Anche lui era un comunista convinto e la sua elezione fornì un'ulteriore prova dell'oscillazione del pendolo politico in Italia. Papa Paolo, esprimendo soddisfazione per la svolta degli eventi, auspicò di lavorare con il sindaco in uno spirito di "desiderio, fiducia e gratitudine anticipata".

Finora abbiamo fornito esempi dell'impegno personale del Papa nei confronti dei principi marxisti. E che non fosse affatto contrario al compromesso o alla rinuncia alla dottrina della Chiesa è dimostrato dal modo in cui ha gestito il caso di Alighiero Tondi, un sacerdote che lasciò la Chiesa e divenne un ardente collaboratore di Mosca.

Tondi sposò Carmen Zanti, che aveva scelto per il suo sguardo malinconico e la voce dolce. Tondi non era mai stato dispensato dai suoi precedenti voti, ma papa Paolo non ebbe difficoltà a dichiarare che il suo matrimonio, privo di qualsiasi forma religiosa, era canonicamente valido.

Nel frattempo Carmen aveva sfruttato la sua voce con tale efficacia da essere eletta alla Camera dei deputati sovietica e successivamente al Senato. Poi, entrambi agenti del KGB, si trasferirono a Berlino dove Carmen, che era ovviamente più intraprendente di Tondi (che era tormentato dai rimorsi di coscienza), divenne la leader dell'organizzazione comunista femminile.

Tondi, che non aveva mai dimenticato del tutto la sua ordinazione, era tormentato da un prematuro timore dell'inferno e desiderava tornare alla Chiesa. Niente di più facile, disse il papa Paolo, che non era affatto schizzinoso. Revocò la scomunica al penitente, gli assicurò che non aveva bisogno di abiurare e dichiarò che il suo matrimonio era ancora perfettamente valido.

Il fatto che al comunismo fosse stato dato un volto umano, e per di più da un legislatore non meno importante del capo della Chiesa, non fu senza effetto su altri paesi. Quando il Comitato Nazionale dell'Azione Cattolica per i Lavoratori si riunì in Francia, vi parteciparono sette membri tesserati del Partito Comunista. I vescovi francesi chiusero un occhio sulle loro tendenze antinazionali e dirompenti.

In Inghilterra, il cardinale Hume di Westminster espresse simpatia per i movimenti che sfidavano l'autorità dei governi contrari alla sinistra. E nel febbraio 1981, il cardinale Gray e il suo vescovo ausiliare, monsignor Monaghan, leader dell'arcidiocesi di St. Andrews ed Edimburgo, invitarono i cattolici a sostenere Amnesty International, un movimento che, sotto la bandiera dei diritti umani, dava tutto l'aiuto possibile, morale e non, agli agitatori che in diverse parti del mondo lavoravano per rovesciare l'ordine costituito.

Gli elementi insoddisfatti all'interno della Chiesa, che avevano voci più deboli e nessun pugno chiuso per sottolineare la loro protesta, scoprirono ben presto di non avere alcun diritto di ricorso contro l'imposizione di ciò che, per loro, era un pericolo più mortale dell'eresia. Un portavoce dei cattolici tradizionali in America, padre Gommar de Parrw, spiegò al Vaticano il loro smarrimento e chiese consiglio. La sua lettera non fu nemmeno presa in considerazione. Quando fu annunciato che a Saragozza si sarebbe tenuto un congresso di sacerdoti spagnoli per la difesa della Messa, un editto emanato da papa Paolo VI, quasi all'ultimo minuto, impedì lo svolgimento dell'incontro.

4.

I colori un tempo orgogliosamente indipendenti della Chiesa cattolica furono abbassati in modo percettibile quando Papa Paolo entrò in "dialogo" con il Consiglio ecumenico delle Chiese.

A quel tempo, nel 1975, più di duecentosettanta organizzazioni religiose di vario genere erano raggruppate sotto il Consiglio, e ben presto divenne chiaro che esso sosteneva le teorie di liberazione introdotte da Giovanni XXIII e poi portate avanti da Paolo VI. Aveva fondi da destinare ai movimenti sovversivi del cosiddetto Terzo Mondo, tanto che persino la nostra stampa fu costretta a lamentarsi del sostegno che esso forniva.

Le sue donazioni non erano avare. Ad esempio, come deplorava il Daily *Express*, 45.000 sterline erano andate ai terroristi responsabili del massacro di donne bianche, bambini e missionari; e l'Anglican *Church Times* osservava che il Consiglio ecumenico delle Chiese "ha sviluppato un orientamento politico chiaramente marxista nella sua preferenza per una rivoluzione di carattere sinistrorso".

La Chiesa cattolica si era sempre tenuta lontana dal Consiglio ecumenico. Ma l'avvento dell'ecumenismo aveva cambiato tutto, e le pericolose tendenze del Consiglio venivano minimizzate per favorire l'armonia tra le diverse religioni.

Papa Paolo, acclamato per essere sempre pronto a stare al passo con i tempi, era disposto a vedere le cose con gli occhi del Consiglio. Ma doveva muoversi con cautela, poiché l'opinione cattolica in tutto il mondo era stata finora ben addestrata a resistere a qualsiasi invasione dei propri diritti e delle proprie rivendicazioni storiche.

Così, quando gli fu chiesto se fosse possibile stringere un'alleanza, rispose con un diplomatico "non ancora". Ma dimostrò da che parte stavano le sue simpatie con un dono personale di 4.000 sterline per sostenere il lavoro del Concilio e il suo aiuto ai guerriglieri.

L'attuale Papa, Giovanni Paolo II, ha annunciato l'intenzione di riprendere i negoziati con i filoterroristi.

5.

C'è una nota più sinistra con cui concludere questa sintesi dell'intransigenza di Papa Paolo.

Il nome di un adoratore del diavolo confesso, Cardonnel, è praticamente sconosciuto qui, ma in altri paesi i suoi scritti hanno suscitato una varietà di sentimenti che vanno dall'ammirazione reverenziale all'orrore in coloro che li hanno letti.

Come membro dell'Ordine Domenicano, gli fu concesso di parlare a Notre-Dame di Parigi a metà Quaresima del 1968. Gli ascoltatori rimasero colpiti dalle sue espressioni rabbiosamente anticristiane, per le quali fu soprannominato "il teologo della morte di Dio". Si vantava di questo titolo, lasciò l'Ordine e infine la Chiesa, diventando un adoratore del diavolo incallito. In un tipico sfogo paragonò il Dio cristiano a Stalin, a una bestia e infine a Satana.

Papa Paolo ammirava il suo lavoro e, pur ignorando le richieste dei cattolici che desideravano salvaguardare la loro religione, tenne particolarmente a scrivere a Cardonnel per congratularsi con lui e inviargli i suoi migliori auguri.

Nona parte

O cambiamento al di là di ogni racconto, pensiero o credenza!

Milton.

La sezione seguente è stata scritta con qualche perplessità. Da un lato, infatti, essa conduce, in una parte successiva, a eventi sconcertanti, osceni, sacrileghi, che hanno avuto luogo in edifici consacrati dal rito e dalla storia, che i cattolici praticanti potrebbero preferire ignorare. D'altra parte, essa tratta dell'insegnamento della Chiesa sulla Messa, o meglio, di ciò che la Chiesa insegnava sulla Messa quando ancora parlava con un'autorità riconosciuta anche da coloro che rifiutavano di accettarla.

È quindi necessario, per chiarire la comprensione di coloro che potrebbero non aver familiarità con tale insegnamento, dare uno sguardo ad alcuni aspetti essenziali che lo riguardano.

La Messa non era semplicemente un servizio. Era l'atto centrale della vita della Chiesa, un grande mistero attraverso il quale il pane e il vino venivano consacrati e diventavano così il vero corpo e sangue di Cristo. Era il sacrificio del Calvario che si ripeteva, un pegno della salvezza operata da Cristo che era lì, sotto le specie sacre del pane ("Questo è il mio corpo") e del vino, sull'altare.

Ogni volta che un cattolico si trovava in un ambiente sconosciuto, la Messa era lì come punto di riferimento per il suo culto. Così era stato, con poche modifiche minori, per i cattolici latini fin dai primi secoli del cristianesimo (a partire, all'incirca, dal VII secolo) secondo le testimonianze. E così sarebbe rimasto, secondo l'insegnamento della Chiesa e la fede dei fedeli, fino alla fine dei tempi, un baluardo contro l'errore che ispirava un'aria di santità - o di impressionante ipocrisia, chiamatela come volete - riconosciuta sia dai devoti che dai miscredenti.

Tipico di coloro che lo sapevano era il liberale e protestante Augustine Birrell, 1850-1933, che fu per qualche tempo segretario per l'Irlanda. "È la Messa che conta", diceva. "È la Messa che fa la differenza, così difficile da definire, tra un paese cattolico e uno protestante, tra Dublino ed Edimburgo".

La qualità unica di ciò che si potrebbe definire, in termini banali, un punto di riferimento nella religione, ha sempre influenzato i piani di coloro che hanno cercato di sconfiggere la Chiesa. La Messa ha sempre ostacolato il loro cammino, un ostacolo che doveva essere demolito prima che il loro attacco potesse avere successo. È stata denigrata come una superstizione volgare, una semplice operazione delle mani, accompagnata da parole, che ingannava i creduloni.

L'assalto contro di essa fu più violento, e in parte vittorioso, nel XVI secolo; e quando la Chiesa riprese fiato, convocò un Concilio che prese il nome dalla cittadina di Trento, poi diventata provincia italiana, dove furono definiti i principi della Controriforma. E quei principi presero forma, in gran parte, come difesa del punto focale che non era mai stato perso di vista: la Messa.

Essi furono codificati da Pio V, il futuro santo che aveva iniziato la sua vita come pastorello e che, in linea con il verdetto di Roma che aveva dichiarato invalido il matrimonio di Enrico VIII con Anna Bolena, dichiarò che la loro figlia, la regina inglese Elisabetta I, era quindi sia eretica che bastarda. E da allora l'eco del suo tuono fermo, intransigente ma sempre dignitoso, continuò a risuonare in associazione con l'antica cattedrale romanica di Trento, il luogo che dà il nome, tridentino, all'ordine della Messa che doveva passare in uso generale per tutta la Chiesa e per sempre.

Il Messale da lui redatto, in cui ciò era decretato, non lascia alcun dubbio al riguardo: in futuro nessun sacerdote potrà mai essere costretto a celebrare la Messa in altro modo. E affinché una volta e per tutti siano esclusi ogni scrupolo di coscienza e ogni timore di pene e censure ecclesiastiche, dichiariamo con la presente che è in virtù della nostra autorità apostolica che decretiamo e prescriviamo che il presente nostro ordine rimanga in vigore in perpetuo e non possa mai essere revocato o modificato legalmente in futuro.

Il decreto avvertiva specificamente tutte le persone che esercitavano autorità, di qualsiasi dignità o rango, cardinali non esclusi, e di comandare loro, come questione di stretta obbedienza, di non usare né permettere mai cerimonie e preghiere della Messa diverse da quelle contenute in questo Messale.

Ciò fu ripetuto, come per chiarire ancora una volta anche a coloro che si erano già convertiti, che egli parlava in qualità di Papa: "E così questo Concilio giunge alla vera e autentica dottrina su questo venerabile e divino Sacrificio dell'Eucaristia, dottrina che la Chiesa cattolica ha sempre professato e che professerà fino alla fine del mondo, come l'ha appresa da Cristo nostro Signore, dagli Apostoli e dallo Spirito Santo".

Poche affermazioni papali sono state più esplicite. La Messa, come è generalmente noto, doveva essere preservata, immutata e immutabile, per sempre. Ma il cardinale Bugnini, che aveva continuato ad aggrapparsi alla carica dopo che era stata resa nota la sua appartenenza a una società segreta, e Paolo VI, che fingeva di non essere a conoscenza di tale rivelazione, fecero presto a farla finita con la dichiarazione di Papa San Pio V.

In seguito si è saputo che circa vent'anni prima che il Concilio Vaticano II riducesse in poltiglia il libro della Messa tradizionale, un sacerdote-professore era stato incaricato di elaborare piani per graduali cambiamenti liturgici; mentre nel dicembre 1963 il Concilio introdusse nuove pratiche e una nuova terminologia che, all'inizio, ebbero scarso impatto sul pubblico.

Ma ora Papa Paolo e il cardinale Bugnini, assistiti dal cardinale Lercaro, andarono avanti, con l'aiuto di non cattolici che definivano "esperti autorevoli di sacra teologia".

2.

Gli esperti chiamati a modificare il Santissimo Sacramento della Chiesa cattolica comprendevano uno o due protestanti: il canonico Ronald Jasper, Robert McAfee Brown, un presbiteriano, Biother Thurion, che era luterano, un calvinista, un rabbino e un certo Joachim Jeremias, ex professore dell'Università di Gottinga che negava la divinità di Cristo.

Bugnini disse che erano presenti solo come osservatori, che non avevano voce in capitolo quando si discutevano le modifiche. Ma a parte il fatto che essi stessi affermarono di aver svolto un ruolo attivo nel Concilium, di averlo commentato e di aver dato suggerimenti, basta chiedersi: perché mai, senza uno scopo preciso, furono invitati a partecipare?

Qualunque cosa decidesse questo gruppo eterogeneo, disse Papa Paolo, sarebbe stata "in accordo con la volontà di Dio". Si voleva anche che corrispondesse al temperamento dell'"uomo moderno". E dalle loro deliberazioni emerse un messale Novus Ordo (Nuova Messa), un vero e proprio segno dei tempi che significava l'inizio dell'era della "MiniMessa" e della musica "pop" in Chiesa, con tutte le profanità che ne derivavano.

Tali innovazioni imposero una cieca obbedienza a coloro che credevano che conformarsi a tutto ciò che veniva detto e fatto dal clero, specialmente in chiesa, fosse una virtù. Ad alcuni che mettevano in discussione i cambiamenti veniva detto di non osare oltre. Si diceva che fosse contumacio e sgradito a Dio; mentre il fatto che molti fossero risoluti nell'opporsi ai cambiamenti e voltassero le spalle al Novus Ordo, suscitava l'accusa che fossero in peccato mortale e infliggessero un'altra ferita al Padre amorevole che aspettava di accoglierli.

Dopotutto, il Vaticano e il suo portavoce principale, Papa Paolo, avevano approvato i cambiamenti. La rivoluzione era stata compiuta, ed era tutto per il bene. Il vecchio Messale Romano era diventato un ricordo del passato. I progressisti erano euforici. E ora procedevano oltre il loro obiettivo originale e andavano avanti.

Una serie di pratiche che a prima vista potevano sembrare minori furono sottoposte al loro scrutinio.

Genuflettersi e inginocchiarsi per ricevere la Santa Comunione furono ritenuti superflui. Chi entrava in una chiesa, il cui interno era familiare da tempo, rimaneva scioccato nel vedere che l'altare in travertino, forse di inestimabile valore, era stato sostituito da un tavolo, al quale il sacerdote, ora talvolta chiamato presidente, stava di fronte al popolo e, in un volgare dialetto invece che nella vecchia musica verbale (poiché il latino è sempre stato odiato dai nemici della Chiesa), invitava i fedeli a unirsi a lui nel passato.

Anche il modo di ricevere la Comunione era molto diverso. L'ostia poteva essere data nella mano, come dimostrò Papa Paolo quando celebrò una nuova messa a Ginevra. Un certo numero di ostie veniva passato a una ragazza che stava comodamente in piedi vicino all'altare, e lei le distribuiva nelle mani, a volte sporche o appiccicose, di coloro che le stavano intorno, o nella mano di qualsiasi spettatore casuale che si avvicinava per vedere cosa venisse distribuito.

Un altro metodo consisteva nel mettere gli Elementi Sacri, che potevano essere consumati una sola volta, in un calice e poi invitare i fedeli ad avvicinarsi e a servirsi da soli. Si poteva dare un sapore in più al pane intingendolo nel vino. Fino ad allora era stato fuori discussione che i non cattolici potessero ricevere la Comunione durante la Messa. Ma Papa Paolo VI introdusse una nuova "aggiornamento" permettendo a una signora che si professava presbiteriana, la signorina Barberina Olsen, di ricevere l'ostia.

Il suo esempio fu seguito. Prima il cardinale Bea e poi il cardinale Willebrands autorizzarono i loro vescovi a lanciare un invito aperto; infine il cardinale Suenens, al termine di un congresso a

Medellion, in Colombia, invitò tutti quanti ad avvicinarsi con la bocca aperta o la mano pronta.

Una battaglia più decisiva fu combattuta a Roma, dove la Nuova Messa di Bugnini fu celebrata nella Cappella Sistina. La grande maggioranza dei prelati presenti votò contro. Il numero effettivo fu di settantotto a favore e duecentosette contrari. Il cardinale Ottaviani, ortodosso e che non perse mai la sua casta, esaminò il testo della versione vandalizzata e vi trovò una ventina di eresie.

"La Nuova Messa", disse, "si allontana radicalmente dalla dottrina cattolica e smantella tutte le difese della fede". Lo stesso sentimento fu espresso dal cardinale Heenan di Westminster: "La vecchia vanteria che la Messa è ovunque la stessa... non è più vera".

Ottaviani era a capo del Sant'Uffizio, che esercitava la tutela della fede e della morale.

Papa Paolo VI mise un freno all'ufficio e tagliò le ali al cardinale, che era così infastidito dal voto contrario che proibì che la Nuova Messa fosse mai più oggetto di una votazione. Da quel momento in poi fu ufficialmente approvata, ma non fu mai popolare. Migliaia di persone, che non tolleravano una forma di Messa meno dignitosa del rito protestante, abbandonarono la Chiesa o smisero di frequentarla. Molti sacerdoti seguirono il loro esempio. Coloro che rimasero fedeli alla sentenza incontrovertibile di Pio V sulla Messa furono minacciati di sospensione o addirittura di scomunica.

Uno dei primi ad essere dichiarato anatema per aver celebrato la vecchia Messa fu un sacerdote piuttosto lontano dai luoghi di tensione, un certo padre Carmona di Acapulco, in Messico. Il vescovo Ackermann di Covington, in America, di fronte a numerosi sacerdoti ortodossi e quindi recalcitranti nella sua diocesi, si lamentava impotente: "Cosa posso fare? Non posso metterli in prigione". I loro dubbi erano racchiusi in una domanda che fu lasciata a Papa Paolo XVI: l'introduzione della Nuova Messa era l'inizio di un'era di nuova oscurità sulla terra o il presagio di una crisi senza precedenti all'interno della Chiesa?

Egli rifiutò di rispondere. E lo stesso muro di silenzio fu incontrato da una delegazione di sacerdoti che implorava il ritorno all' la Messa tradizionale; mentre migliaia di persone provenienti da diverse parti d'Europa, che si erano recate a Roma con lo stesso scopo, furono respinte.

Coloro che avevano apportato i cambiamenti non avevano agito alla cieca. Avevano seguito un piano, in conformità con il disegno segreto che costituisce il tema di queste pagine. Ora avevano il futuro nelle loro mani, e la sicurezza con cui lo accettavano era resa evidente da un articolo apparso su *L'Osservatore Romano*, che descriveva il futuro piuttosto disperato che attendeva quei sacerdoti che avevano sfidato l'ira del Vaticano svolgendo i compiti per cui erano stati formati.

Sarebbero diventati, secondo l'articolo, sacerdoti senza capo, autonomi, destinati a una vita arida e squallida. Nessun futuro protetto, nessuna promozione nella gerarchia, nessuna aspettativa di pensione alla fine del loro ministero.

Uno dei più zelanti promotori dei cambiamenti cantava le loro lodi nei seguenti termini: È una liturgia della Messa diversa. Vogliamo dirlo chiaramente. Il rito romano come lo conoscevamo non esiste più. È finito. Alcuni muri della struttura sono crollati, altri sono stati modificati. Ora possiamo guardarlo come un rudere o come le fondamenta particolari di un nuovo edificio. Noi non dobbiamo piangere sulle rovine né sognare una ricostruzione storica. Apriamo nuove vie, o saremo condannati come Gesù condannò i farisei".[18]

Papa Paolo fu altrettanto estremo nell'approvare le conclusioni della commissione del Concilio Vaticano II sulla liturgia: "Il vecchio rito della Messa è infatti l'espressione di un'ecclesiologia distorta".

---

[18] Padre Joseph Gelineau. *La liturgia oggi e domani.* (Darton, Longman e Todd, 1978.)

Leggendo queste parole, alcuni potrebbero aver ricordato il vecchio giuramento di incoronazione, che recitava:[19]

Giuro di non cambiare nulla della tradizione ricevuta, e nulla di ciò che ho trovato davanti a me custodito dai miei predecessori graditi a Dio, di non invadere, alterare o permettere alcuna innovazione in essa.

"Al contrario, con ardente affetto, a salvaguardare con riverenza il bene tramandato, con tutte le mie forze e con il massimo impegno. A purificare tutto ciò che è in contraddizione con l'ordine canonico che possa emergere.

"A custodire tutti i canoni e i decreti dei nostri Papi come ordinanze divine del cielo, perché sono consapevole di Te, di cui ho preso il posto per grazia di Dio.

"Se dovessi intraprendere qualsiasi azione contraria a questo, o permettere che essa venga eseguita, Tu non avrai misericordia di me nel terribile giorno del Giudizio Divino.

"Di conseguenza, senza esclusione, sottoponiamo alla più severa scomunica chiunque, sia esso me stesso o un altro, osi intraprendere qualcosa di nuovo in contraddizione con questa tradizione evangelica costituita e con la purezza della fede ortodossa e della religione cristiana, o cerchi di cambiare qualcosa con i suoi sforzi contrari, o concordi con coloro che intraprendono tale impresa blasfema".

Non so quando questo giuramento sia stato prestato al momento dell'incoronazione. Ma i suoi principi, fino all'era Roncalli, erano tacitamente accettati e approvati come parte convenzionale dell'osservanza papale.

Ad esempio, uno dei più grandi e dotati papi, Pio II (1458-64), nella sua bolla *Execrabilis*, ribadì una legge che era stata approvata nel corso dei secoli e accettata, senza modifiche, da quello che è sempre stato definito il magistero e della Chiesa:

---

[19] Tradotto dal dottor Werner Henzellek da *Vatican II, Reform Council or constitution of a new Church? Di* Anton Holzer.

"Qualsiasi concilio convocato per apportare cambiamenti drastici nella Chiesa è preventivamente dichiarato nullo e annullato".

Ma Paolo VI, amico dei comunisti, che collaborò con l'anarchico Alinsky e con il mafioso Sindona, pubblicò la sua dichiarazione politica che apparve su *L'Osservatore Romano*, il 22 aprile 1971, nell'edizione inglese:

"Noi moderni, uomini del nostro tempo, vogliamo che tutto sia nuovo. I nostri anziani, i tradizionalisti, i conservatori, misuravano il valore delle cose in base alla loro qualità duratura.

Noi, invece, siamo attualisti, vogliamo che tutto sia sempre nuovo, che si esprima in una forma insolita, continuamente improvvisata e dinamica.

È stato questo genere di delirio (che ricorda il sarcasmo di "Peter Simple" *sul Daily Telegraph*) che ha portato all'introduzione di cibi come roast beef, gelatine e hot dog, accompagnati da bicchieri di coca-cola, nel Santo Sacrificio della Messa, e alle suore che battono i tacchi e dimenano il corpo, in una sorta di *carmagnole*, per segnare l'Offertorio.

"L'Anticristo", disse Hilaire Belloc nel 1929, "sarà un uomo".

Ma forse la giustificazione più ridicola del cambiamento è stata avanzata da uno dei nostri vescovi più "progressisti", che ha detto all'autore di questo articolo: "La Nuova Messa ha avuto un inizio clamoroso ieri. Le chitarre suonavano in tutta la mia diocesi".

3.

I cambiamenti dottrinali e liturgici nella Chiesa non tardarono a mostrare gli effetti che i conservatori avevano previsto; e per quanto molti di essi fossero sorprendenti, rimangono ancora in gran parte sconosciuti anche alle persone che vivono nei paesi in cui si sono verificati.

Un tempo era considerato un oltraggio della peggior specie quando, durante la Rivoluzione francese, una prostituta fu issata sull'altare di Notre Dame dove fu incoronata e adorata come Dea della Ragione; o quando la Cattedrale di Chartres stava per essere trasformata in un Tempio della Ragione.

Ma tali eventi impallidiscono di fronte alle profanazioni e alle oscenità che hanno avuto luogo, spesso con l'approvazione dei prelati, in alcune delle chiese cattoliche più venerate su entrambe le sponde dell'Atlantico.

Si assistette a un netto allontanamento dal rituale consolidato quando eventi come la cena comunitaria sostituirono la solenne messa; quando il sacerdote, armato di un coltello da pane, aveva davanti a sé una grande pagnotta che tagliava a pezzi, aiutando gli altri e poi se stesso, finché un masticare generale dimostrava l'apprezzamento del Corpo di Cristo. Queste cene, servite nella casa di un parrocchiano, divennero un appuntamento fisso nella vita familiare olandese. A volte era la "padrona di casa", invece del sacerdote, a officiare la messa che veniva celebrata nella sua "stanza migliore".

Non erano pochi i luoghi in cui la tradizionale funzione del sacerdote era assunta da una donna, che camminava tra i fedeli distribuendo il Sacramento a chiunque fosse in piedi con la bocca spalancata e un nauseante spettacolo di lingua e denti. A volte veniva posto nella mano sudata di un bambino, o in un e tra le dita tremanti e il palmo di un anziano che lo faceva cadere immediatamente a terra, dove poteva essere calpestato; oppure poteva essere auto-somministrato.

Una bambina uscì dalla messa, in uno dei quartieri più "avanzati" dell'Olanda, dicendo che lì aveva imparato più che vedendo suo fratello fare il bagno. Il chierichetto, che in Inghilterra sarebbe passato per un ragazzo di quarta elementare, era nudo.

Papa Paolo, determinato a non restare indietro nella corsa al progresso, firmò un editto speciale con cui chiunque volesse servirsi del Sangue di Cristo poteva succhiarlo con una cannuccia. In questo modo alcune chiese cominciarono ad assomigliare a un bar, soprattutto quando dal santuario usciva il frastuono di una discoteca, insieme alle urla, al strimpellare e al battere dei piedi che accompagnano la celebrazione di una messa jazz, una messa beat e una messa "yeah-yeah". C'erano messe per adolescenti dove, al posto del pane e del vino sacramentali, venivano serviti hot dog, panini e coca-cola. In altre, whisky e cracker sostituivano gli elementi sacri. Alcuni sacerdoti trovavano scomodo indossare l'alba durante la Messa e ricorrevano quindi alla camicia a maniche di maglia.

La nuova libertà offriva agli estremisti politici l'occasione di pubblicizzare i loro principi, solitamente di sinistra. Uno dei seminari più importanti del Canada fu venduto ai comunisti cinesi, che strapparono il tabernacolo e al suo posto misero un ritratto del genocida Mao Tse Tung. In seguito divenne un centro di addestramento per combattenti rivoluzionari di strada.

Nel settembre 1971, la scuola cattolica di Val d'Or, Abitibi, Quebec, ha introdotto un nuovo gioco per i ragazzi. Consisteva nello sputare sulla figura di Cristo in croce e chi copriva il volto con lo sputo più grande veniva dichiarato vincitore. La notizia è stata riportata dal giornale franco-canadese *Vers Demain* nel settembre 1971.

In una provincia sudamericana, dove i disordini raramente si placavano, un vescovo locale, Casaldaliga, si schierò dalla parte degli insorti di ispirazione russa. Adottò l'abbigliamento rozzo e improvvisato di un guerrigliero, completo di cartucciera, e partì per predicando e celebrando la messa sotto il nome che si era dato, Monsignor Falce e Martello.

Ma una scena davvero sinistra si verificò nella basilica di Santa Maria de Guadelupe a Città del Messico, dove una capra fu sacrificata davanti all'altare maggiore. Ora, non è solo il fatto che un animale sia stato ucciso, e per di più in una chiesa, a suscitare commenti. Sembra che nessuno dei presenti abbia reagito: sono rimasti a bocca aperta, stupiti, e poi se ne sono andati, senza dubbio concludendo che tutto faceva parte del nuovo ordine all'interno della Chiesa. E così era. Ma l'arcivescovo Gomez, responsabile della basilica, sapeva più di questo, così come la strana folla di persone a cui l'aveva affittata per l'occasione.

La capra, che si dice sia stata creata dal diavolo, figura nella tradizione satanica di coloro il cui disegno segreto è sempre stato quello di rovinare la Chiesa. L'evento a cui si fa riferimento ricorda in parte l'antico rituale precristiano, quando una capra veniva sacrificata su un altare durante il Giorno dell'Espiazione. I peccati del Sommo Sacerdote e del popolo venivano trasferiti a un secondo animale della stessa specie, che diventava così il capro espiatorio e veniva condotto nel deserto; oppure, nella demonologia, veniva spinto da un precipizio nell'inferno alimentato da Azazel, un angelo caduto.

Quindi non si è trattato di una Messa ordinaria, ma di una Messa Nera celebrata a Città del Messico, con l'uso di una croce capovolta, un evento che è stato filmato e registrato da coloro che lo hanno organizzato.

Ma queste cose erano solo l'inizio, così come lo era il crescente clamore, sostenuto dai sacerdoti, a favore dell'aborto e e del riconoscimento delle aberrazioni sessuali come perfettamente normali. C'erano sacerdoti che quasi gridavano dai tetti che erano felici di essere omosessuali, poiché era un privilegio che conferiva la realizzazione psicologica della propria personalità. In alcune zone divenne accettabile che i pervertiti dello stesso sesso si sposassero in chiesa.

A Parigi, un uomo e una donna, completamente nudi, hanno sfilato davanti a un altare, dove sono stati sposati da un sacerdote che ha impartito loro quella che è stata definita la "sublime benedizione nuziale". L'Olanda avanzata, per non essere da meno, reagì con la notizia che una coppia di omosessuali maschi si era scambiata i voti e gli anelli in un matrimonio in chiesa; mentre un prete americano, che continuava a resistere nonostante fosse stato citato in una causa di divorzio, si batteva allegramente il petto e affermava di essere anche lui un pervertito morale emancipato, cosa che in seguito ratificò unendo in matrimonio una coppia di lesbiche.

È stato un periodo fruttuoso per eccentrici e opportunisti di ogni genere. Un'ex suora, Rita Mary, si unì a una comunità laica americana i cui membri erano impegnati nel nuovo spirito che stava emergendo nella vita religiosa. Un soffio di quello spirito di novità le rivelò improvvisamente che "Dio Padre è donna". Altri che sostenevano la causa della liberazione delle donne adottarono lo stesso slogan e, come parte della loro campagna, apparvero per le strade auto adornate con adesivi che esortavano la gente a pregare Dio, perché lei avrebbe provveduto.

I commercianti non tardarono a cogliere l'occasione come una buona trovata pubblicitaria, e ai veicoli di Rita Mary se ne aggiunsero presto altri che offrivano un consiglio più concreto: "Con Gesù al tuo fianco potrai avere più successo negli affari".

Sempre negli Stati Uniti, nel luglio 1976, a Stubenville, nell'Ohio, si tenne un raduno in cui un migliaio di sacerdoti appoggiarono un nuovo progetto di "declericalizzazione del ministero", che in pratica significava mettersi fuori gioco. Fu consigliato loro di prepararsi al crollo dell'ordine sociale; poi, dopo le preghiere, alcuni scoprirono di aver ricevuto il dono della guarigione. Seguì un'imposizione generale delle mani e da lì la congregazione eterogenea, tra grida, si mise ad abbracciarsi e baciarsi.

Come vedremo, queste esplosioni di affetto spontaneo stavano rapidamente diventando una caratteristica della Nuova Messa, così come una crescente ossessione per il sesso. L'esplorazione del tatto, riferita ai corpi, divenne un nuovo tipo di culto.

In una riunione a Filadelfia, alla presenza del cardinale Wright e di otto dei suoi vescovi, il relatore principale, padre Gallagher, disse al suo pubblico che "il tatto è fondamentale". E si può supporre che molti istinti repressi trovarono un sollievo a lungo atteso nelle parole che seguirono: "Non tenetevi per le mani in modo asessuato". I nove prelati hanno trasmesso sorrisi e benedizioni all'amore che seguiva, come venivano chiamate tali manifestazioni di emozione.

Una variazione sullo stesso tema si è sentita al Congresso Pastorale Nazionale di Liverpool nel 1980, dove è stata approvata una dichiarazione che, con grande sorpresa di un pubblico inglese rappresentativo, ha divinizzato il più scontato dei loro atti coniugali: "Durante il rapporto sessuale, un uomo e sua moglie creano Cristo", un'affermazione che suona sospettosamente simile alle parole di Aleister Crowley, secondo cui "gli organi sessuali sono l'immagine di Dio".

L'ultima escursione nel regno delle assurdità ecclesiastiche (gennaio 1982) è stata compiuta dal vescovo Leo McCartie, vescovo ausiliare cattolico di Birmingham. Egli ha esortato a consentire ai rastafariani, per lo più giovani neri che indossano berretti di lana e treccine, di utilizzare i locali della chiesa. Essi venerano il defunto imperatore Haile Selassie d'Etiopia come il vero dio, credono che Cristo fosse nero e fumano cannabis come parte del loro rituale religioso.

Il vescovo ammette che la Chiesa non può tollerare il fumo di cannabis nei suoi locali, *ma solo perché è contro la* legge (il corsivo è mio). Tuttavia, continua, il rastafarianesimo è una valida esperienza religiosa e i suoi seguaci usano la cannabis come un sacramento, "paragonabile al calice o al patibulum nella liturgia cristiana". Ora lo sappiamo.

Prendiamo qualche altro esempio di ciò che la tendenza modernista ha ottenuto in America, senza suscitare, ricordiamolo, più di qualche protesta isolata qua e là da parte della gerarchia ecclesiastica. Inoltre, tutto è stato approvato da Papa Paolo VI, come dimostra la presenza del suo rappresentante ufficiale che ha portato i saluti papali a coloro che si sono travestiti, hanno saltellato e si sono resi ridicoli per dimostrare la nuova libertà.

Negli ultimi due anni, il 28 giugno, la Cattedrale di San Patrizio a New York è stata il punto di arrivo dell' e di quella che è nota, sia alle autorità ecclesiastiche che a quelle secolari, come la Gay Parade.

Nel 1981 una folla stimata di 50.000 persone ha sfilato lungo la Fifth Avenue, guidata da una figura dal volto imbiancato, che indossava un abito con volant lungo fino alle caviglie e una cuffietta, e che girava su e giù per la strada e il marciapiede davanti alla cattedrale sui pattini a rotelle. Almeno uno degli spettatori ha riconosciuto la figura come quella di un rispettabile broker di Wall Street.

Un individuo acclamato come Gran Maresciallo della Parata scese da una limousine nera, si esibì come un clown sui gradini e poi, tenendo delicatamente un mazzo di viole del pensiero, fece finta di entrare dalla porta principale. A quel punto, il signor McCauley, avvocato di New York, già disgustato da ciò che aveva visto, strappò i fiori e li gettò in faccia a coloro che si erano radunati intorno al Gran Maresciallo. Ne scoppiò una rissa e la polizia allontanò l'oppositore.

Ci vollero due ore perché la parata superasse un determinato punto e si radunasse intorno alla cattedrale. Alcuni erano vestiti da preti, altri da suore; alcuni indossavano abiti di pelle nera e catene. C'era un gruppo chiamato Dignity e un altro noto come North American Man-Boy Love Association.

Portavano un grande cartello con la scritta "L'amore tra uomini e ragazzi è bello", i membri più anziani camminavano a braccetto con ragazzi di circa tredici anni, alcuni dei quali indossavano costumi da bagno.

I Gay Socialists portavano uno striscione rosso e gridavano il loro odio per Dio e la Chiesa mentre marciavano. Ma la loro frenesia era più che eguagliata da quella dei Gay Militant Atheists, che ruggivano all'unisono: "Distruggete la Chiesa! Morte alla Chiesa!". Un altro grido, "Distruggete lo Stato!", dimostrava che la vera forza motrice della manifestazione stava facendo sentire la sua voce.

Poi ci fu un intermezzo in cui un uomo, vestito da suora e con una croce capovolta, eseguì una danza accompagnata da gesti osceni per ben mezz'ora. Seguì un gruppo che si fece avanti e fece finta di accendere una candela davanti alla porta della cattedrale. A quel punto era tornato il signor McCauley, che rinnovò la sua protesta, chiese alla polizia di fermare quelle esibizioni oltraggiose e fu prontamente arrestato.

Gli omosessuali hanno quindi proceduto a drappeggiare un grande striscione sulle barricate che avevano eretto sui gradini davanti alla cattedrale. Un capitano dei vigili del fuoco della città si è quindi fatto avanti e ha chiesto a un agente di polizia di intervenire. L'agente gli ha voltato le spalle, dopodiché il capo dei vigili del fuoco ha afferrato lo striscione, lo ha arrotolato e lo ha gettato a terra.

La folla urlante gli si avventò addosso. Fu tirato giù, gli strapparono la giacca, lo picchiarono selvaggiamente, gli afferrarono le dita e gliele piegarono nel tentativo di spezzargliele, gli divaricarono le gambe e gli afferrarono i genitali. Quando riuscì a parlare, disse al poliziotto che voleva sporgere denuncia contro chi lo aveva aggredito. Il poliziotto sogghignò. "Torni domani alla stessa ora e veda se riesce a riconoscerli." Quando il capo dei vigili del fuoco insistette, il poliziotto strinse la pistola con tanta forza e in modo così minaccioso che le nocche gli diventarono bianche.

Solo due persone furono arrestate, il signor McCauley e il capo dei vigili del fuoco, entrambi per condotta disordinata.

In seguito vennero a conoscenza delle accuse che erano state formulate contro di loro. Un funzionario di polizia disse: "Dite che l'avete visto aggredire qualcuno". Un altro disse: "Aggiungete che ha sfondato il cordone di polizia".

Nel frattempo la parata continuava, con la facciata della cattedrale adornata da cartelli e striscioni provocatori, uno dei quali annunciava che "Gesù era omosessuale". Si cantavano filastrocche: "Due, quattro, sei, otto. Sai se i tuoi figli sono eterosessuali?". Infine, una bandiera è stata appesa alla porta della cattedrale. Era disegnata come la bandiera americana, ma al posto delle stelle c'erano simboli sessuali e rappresentazioni del pene.

I manifestanti, seguiti da una grande folla, si sono diretti verso Central Park, dove si sono dati ad una esibizione pubblica di atti sessuali. Le persone spaventate che erano andate in cattedrale in cerca di conforto o di tranquillità si sono raggruppate per tutto il pomeriggio nelle cappelle laterali e negli angoli. Quando sono stati interpellati in merito, i membri della Curia diocesana hanno affermato che non c'era nulla di cui lamentarsi.

In Virginia, un prete ha guidato una Volkswagen lungo la navata della sua chiesa per commemorare l'ingresso di Cristo a Gerusalemme. Successivamente ha fatto posizionare un carrello elevatore nel cortile della chiesa e si è arrampicato nel cestello, dove è rimasto in piedi agitando le braccia mentre veniva sollevato per commemorare il giorno dell'Ascensione. A Boston, nel Massachusetts, sacerdoti vestiti da clown, con cuori rossi decorati sulla fronte, si sono accalcati e spintonati in una chiesa cercando di afferrare dei palloncini. Un sacerdote in canottiera e jeans ha ballato in chiesa con una ragazza la cui carne spuntava dal body.

In questo Paese, una domenica sera, la televisione ha fatto di tutto per mostrare un vescovo ausiliare che percorreva la navata di una delle nostre cattedrali cattoliche. Era accompagnato all'altare da una ragazzina che danzava e saltellava davanti a lui come un puledro. La celebrazione della Santa Messa in un'altra chiesa si è conclusa con il canto di "For he's a jolly good fellow" (È un tipo allegro). [20]

Fatti simili si verificarono anche in paesi latini, dove i misteri della Chiesa erano da tempo parte integrante della coscienza nazionale, del suo sangue e delle sue ossa. I visitatori di una chiesa vicino a Grenoble, nel dipartimento dell'Isère in Francia,

---

[20] *The Sunday Telegraph.* 21 febbraio 1982.

in un giorno del 1970, rimasero sorpresi nel vedere che gli ornamenti e i candelieri venivano rimossi dall'altare e che lo spazio antistante veniva sgomberato. Poi furono sistemate delle corde per formare una sorta di ring dove, secondo i manifesti, avrebbe dovuto svolgersi un incontro di pugilato internazionale.

All'ora stabilita, una folla tutt'altro che tipica di quella che si vedeva di solito in quel luogo, composta per lo più da uomini, si accalcò, inciampò o entrò con arroganza nell'edificio dove alcuni di loro erano stati battezzati e altri sposati. Man mano che acquisivano familiarità, venivano gridate le quote e fatte le scommesse, ma i dettagli dell'incontro non furono mai registrati.

Che sia stato vinto ai punti o per KO, chi abbia fatto da arbitro o cronometrista e chi abbia passato le spugne, quanto abbia guadagnato la chiesa dal montepremi o dagli incassi, nulla di tutto ciò, che è appare nel registro parrocchiale. Né vi è traccia di una protesta da parte del vescovo.

Un venerdì all'inizio di dicembre del 1974, la cattedrale di Reims, luogo dell'incoronazione dei re di Francia, fu presa d'assalto da un'orda di hippy e fannulloni per una delle loro sessioni notturne. L'arcivescovo e il suo clero, che avevano gentilmente messo a disposizione la location, avranno notato con invidia che i giovani del quartiere, prematuramente invecchiati, che affluivano in massa, superavano di gran lunga il numero di quelli che si vedevano alla messa solenne della domenica e nei giorni festivi.

La cacofonia era fornita dal Tangerine Orange Group e, quando la congregazione eterogenea si stancò di agitare le braccia e di muoversi a tempo con il frastuono, si dedicò a un'orgia di droga e fumo di hashish.

Quando la notizia si diffuse, i parrocchiani indignati chiesero che la cattedrale, che occupa un posto speciale nella storia, fosse sottoposta a un rito di purificazione.

Ma le loro proteste furono respinte da padre Bernard Goreau, che ricopriva la carica sempre discutibile di "addetto culturale" dell'arcidiocesi. Egli ammise che i ballerini e i fumatori erano stati lasciati liberi di fare ciò che volevano per ore nell'oscurità gotica. "Ma", aggiunse, "le cose avrebbero potuto andare peggio".

In effetti avrebbe potuto. Ci viene detto che si sono limitati a urinare e copulare sul pavimento di pietra... sul quale erano passati i re dell'antica Francia nel loro cammino verso l'unzione, e dove Giovanna d'Arco, con lo stemma in mano, era rimasta in piedi come un soldato di ritorno dalla guerra.

Sempre in Francia, non era raro che un prete accendesse e fumasse una sigaretta mentre celebrava la messa.

Persino Roma non era immune dalle parodie sacrileghe che seguirono la nuova libertà religiosa, l'apertura delle finestre della Chiesa. La scena di una di queste, nel 1975, era l'aula di un convento romano. Era presente Papa Paolo VI, ma il protagonista era Fred Ladenius, un gentiluomo del Midwest che aveva acquisito notorietà grazie alle sue apparizioni televisive in Belgio. Era stato inoltre descritto da un entusiasta dell' o come "lo spirito rinato, il cui Dio aveva aggiornato il Gesù del 1974 diventando il Dio del 1975".[21]

Fred si mise all'opera con grande virilità, si tolse la giacca e si mise a gridare frasi quasi incoerenti di cui, diceva, non era in alcun modo responsabile. Quello che si sentiva erano alcune delle verità che aveva ricevuto quella stessa mattina dalla bocca del Signore. Perché il Signore parlava e profetizzava attraverso di lui. Fred accompagnava queste rivelazioni agitando le braccia con tale violenza da sudare copiosamente. Ma non era affatto esausto. Si rimboccò le maniche della camicia e, con un , invitò tutti coloro che desideravano ricevere il Signore a salire "rapido".

---

[21] Per maggiori dettagli su questo e altri eventi a Roma, si veda *From Rome, Urgently* (Stratimari, Roma) di Mary Martinez, un libro vivace al quale sono molto debitore. Ho anche attinto da un altro resoconto di una testimone oculare, Louise Marciana, ex suora del Preziosissimo Sangue. È stato proprio nel convento di quell'ordine che hanno avuto luogo alcuni degli episodi qui descritti.

Fred, sebbene ancora sudato, agitava freneticamente le mani sopra le teste di coloro che accettavano l'invito, accompagnando ogni gesto con un grido di "Alleluia!". Al termine di queste operazioni, la lavagna della scuola fu spostata per fare spazio a un tavolo, sul quale furono collocati due calici, uno contenente vino e l'altro ostie del tipo usato per celebrare la messa.

Poi tutti si misero in fila e seguirono l'esempio di Fred, che prese un'ostia, la intinse nel vino e la portò alla bocca. L'incontro si concluse tra grida sempre più forti di "Alleluia!", alle quali si unì anche il Papa, e con ulteriori manifestazioni che lo spirito era davvero presente tra loro.

Fred fu debitamente ricompensato con una convocazione dal Papa, che lo ringraziò calorosamente per tutto il buon lavoro che stava facendo per la Chiesa. Fred rimase a Roma, dove per un certo periodo ricoprì il ruolo di vicario del portavoce di Cristo.

Nel calendario della Chiesa, un anno ogni venticinque è dichiarato Anno Santo. È un periodo di pellegrinaggi speciali, , in cui milioni di persone fanno penitenza per dimostrare la loro adesione alla fede e ottenere il cosiddetto Grande Perdono. Durante tutto questo periodo Roma pullula di visitatori provenienti da ogni parte del mondo e, in occasione dell'ultimo Anno Santo, nel 1975, Papa Paolo VI ha rivolto un benvenuto, espresso in termini di emancipazione religiosa, alla nuova generazione che era venuta in cerca di un aiuto liberatorio e ispiratore, alla ricerca di una nuova parola, di un nuovo ideale.

Coloro che hanno partecipato alla Messa solenne in San Pietro il 19 maggio, a metà dell'Anno Santo, in attesa di quei benefici spirituali, non sono rimasti affatto delusi. Erano circa diecimila. Il cardinale Suenens officiava all'altare maggiore. Papa Paolo era presente. Cinquecento sacerdoti erano disposti intorno a loro. Ecco come un giornalista cattolico esperto ha descritto ciò che è accaduto al momento di ricevere la Santa Comunione:[22]

---

[22] Simon Keegan. *News-Letter dell'Associazione Internazionale dei Sacerdoti.* Pubblicato dalla Parrocchia di St. George, Polegate, East Sussex.

"Non era raro vedere quelli che a prima vista sembravano petali bianchi sparsi tra i fedeli. Solo quando riuscii ad avvicinarmi mi resi conto che erano manciate di ostie consacrate che i sacerdoti del cardinale stavano spargendo tra la folla... Caddero sulle spalle degli uomini, sulle teste tinte e scoperte delle donne e, com'era inevitabile, non poche caddero a terra e furono calpestate dalla folla.

Ho parlato con una signora in piedi vicino a me che ne stava raccogliendo alcune. Le ho chiesto da dove venisse e se fosse cattolica. Mi ha risposto che veniva dall'Egitto e che in realtà non aveva alcuna fede religiosa, ma che i suoi sentimenti erano a favore dell'Islam.

I registratori erano tenuti in alto sopra l'assemblea, che stava rapidamente entrando in uno stato di eccitazione. Improvvisamente una voce tuonò attraverso un microfono posto vicino all'altare che Dio non solo era presente, ma stava effettivamente parlando, anche se con un forte accento americano nasale - viene da chiedersi se l'onnipresente Fred fosse di nuovo all'opera?

Poi Papa Paolo prese il comando. Raccolse manciate di ostie e le premette sulle bocche delle persone che avevano già la bocca piena delle specie consacrate, in modo che potessero liberare le mani solo passando le ostie ad altri, che le accartocciavano o le lasciavano cadere a terra. Il Papa, iniziando a pronunciare un discorso, dovette alzare la voce per farsi sentire al di sopra del tumulto crescente, al quale aggiunse un ulteriore anacronistico "Alleluia!" esclamato alzando le braccia.

Ormai alcuni fedeli avevano iniziato a ballare. Altri erano accovacciati o rannicchiati sul pavimento tra i frammenti calpestati di quello che, secondo quanto era stato insegnato loro, era il corpo di Cristo. Si dondolavano al ritmo di un lamento sommesso, espressione dell'estasi ispirata dall'occasione, che cresceva di volume fino a riempire la basilica.

Sempre nello stesso anno, un visitatore della chiesa di Sant'Ignazio, nella via che porta il nome del fondatore dei gesuiti, a Roma, avrebbe notato che un pesante sipario copriva l'altare maggiore. Inoltre, i sedili erano stati girati, come per indicare che i partecipanti alla funzione non desideravano ricordare l'urna di lapislazzuli contenente le reliquie di San Luigi Gonzaga.

Era visibile una batteria di microfoni e altoparlanti, e attraverso uno di questi si udiva la voce di un gesuita irlandese-americano, padre Francis Sullivan, che annunciava, nello stile approvato di un seguace del generale Booth, che si erano riuniti per lodare il Signore. Continuò martellando sul fatto che la religione era in uno stato di cambiamento, che tutto stava cambiando e che era una perdita di tempo guardare con nostalgia alle cose in cui si credeva un tempo. Le sue affermazioni furono accolte con sorridente approvazione dal cardinale Suenens, che era sempre pronto a patrocinare effusioni "fuori dal comune".

Ormai i romani si stavano abituando a vedere la loro fede supervisionata da oracoli provenienti dagli Stati Uniti e ascoltarono con attenzione quando una seconda voce, proveniente dallo stesso luogo d'origine del pad , esortò tutti ad amarsi gli uni gli altri. Le persone che affollavano la chiesa, così incoraggiate, cominciarono a guardarsi, a scambiarsi sguardi e ad avvicinarsi alla persona di loro scelta. Pensavano forse, continuava la voce, che il dono dell'amore fosse un privilegio riservato solo alla Chiesa primitiva? Certo che no!

A quel punto, grida di assenso quasi fecero crollare il tetto e le coppie si gettarono l'una nelle braccia dell'altra, distendendosi sul pavimento, agitando braccia e gambe, dando sfogo con le dita e la bocca a una passione che non era più frenata dal timore del circondarsi, ma che ora poteva esprimersi in una libertà simile a quella che provano gli amanti in un fosso. Coloro che erano impossibilitati, per età o infermità, a partecipare allo spettacolo, lo assaporavano con sguardo lascivo, o ballavano qualche passo, o cantavano le lodi dell'Ostia che avevano trasformato la loro casa in un manicomio. Alleluia! Dio era buono, e tutto questo dimostrava che andare in chiesa poteva ora essere un evento gioioso.

Al culmine del tumulto, un frate vestito con il saio marrone di San Francesco d'Assisi riuscì in qualche modo a farsi sentire. Era in condizioni fisiche disastrose, consapevole di una sensazione strana, mistica e materna. Si sentiva esattamente come Maria quando concepì il Figlio. Piena di grazia... altri applausi... e di nuovo alleluia.

Ciò che restava di San Luigi nell'urna rimase in silenzio, così come San Ignazio che, da soldato, aveva conosciuto il sibilo pulito di una spada quando veniva estratta dal fodero.

Per rendere il climax ancora più sorprendente, torniamo indietro al 1970, quando si tenne un Congresso Teologico Progressista in una chiesa francescana a Bruxelles. Il tema principale discusso, in netto contrasto con il programma del Congresso indicato dal titolo, era il sesso, ed era esposto a un pubblico composto quasi esclusivamente da giovani.

Era prevedibile, dato il tema, che fosse presente il cardinale Suenens; oltre al fatto che, in qualità di primate del Belgio, era in casa sua.

Il congresso si aprì con l'ingresso delle ragazze, vestite di bianco, che si contorcevano qua e là, agitando corde e pezzi di catena spezzata per dimostrare che erano libere. Durante una pausa dopo la danza, furono distribuiti pezzi di pane e bicchieri di vino, seguiti da uva e sigarette.

Poi, proprio quando i giovani membri della conferenza pensavano che tutto fosse finito, i loro occhi furono attirati verso l'altare da cui qualcosa cominciava a sollevarsi e ad assumere una forma incredibile.[23]

All'inizio fu accolto con sussulti, poi con risatine, e infine scoppiò il pandemonio quando si vide che la plastica trasparente che formava la figura rappresentava un pene gigantesco. I delegati urlarono fino a diventare rauchi, sentendo che era una sfida alla loro virilità, un riconoscimento della stessa. Era il tipo di climax che non si sarebbe mai potuto immaginare e che poteva

---

[23] Notizia riportata dal Servizio Informazioni Belga, citata nel *Giornale d'Italia*, 17 settembre 1970.

figurare solo nei sogni più stravaganti e osceni. La presenza del cardinale conferiva un fascino permissivo a un ambiente che non avrebbero mai più guardato con soggezione.

È opportuno, nell'ambito della nostra tesi, esaminare più da vicino la scena che si è verificata nella chiesa di Bruxelles e la parola Alleluia, che non è mai stata *us*ata nell'uso quotidiano, come espressione di lode, all'interno dei Sette Colli. Come offerta di lode a Geova, è sempre stata comunemente usata dai revivalisti religiosi piuttosto che dai latini. Ma ora la troviamo usata da Papa Paolo.

Cosa lo spinse a farlo? E perché il cardinale Suenens, davanti a un altare, presiedette una sorprendente esibizione di buffoneria carnale che molti, specialmente i fedeli, troveranno difficile o impossibile da credere?

C'è una spiegazione. Nessuno dei due, pur indossando le vesti, i paramenti e tutti i segni esteriori del prelato cattolico, era un cristiano. Avevano superato, attraverso fasi preparatorie, i livelli più alti della comprensione occulta. Erano stati istruiti, firmati e garantiti dai Maestri della Saggezza dell' e in uno dei templi più importanti dove i riti atavici, tutti con connotazioni sessuali, prendono il posto della religione.

Quando le ragazze adolescenti gridavano di gioia e imbarazzo mentre il grande pene di plastica si alzava davanti a loro, il cardinale Suenens sapeva perfettamente che stavano commemorando, come lui voleva, il dio pagano Baal, il cui nome, diviso nelle sue radici[24] i sumere, ha diversi significati. Tra questi ci sono signore, padrone, possessore o marito, mentre altri si riferiscono al pene di un maschio dominante con la sua forza penetrante e spingente.

Quindi ciò che il cardinale aveva organizzato per i giovani, per lo più ragazze, di Bruxelles era uno spettacolo di culto fallico, che simboleggia il potere generativo contenuto nel seme, o succo

---

[24] Da Sumer, che faceva parte della Babilonia.

vitale, che scorreva su tutta la vita e la natura dal potente pene di Baal. Un fallo esagerato era anche un simbolo di Yesed, la sfera della luna, e anche del dio cornuto Dioniso, o Bacco.

Il canto di lode intonato da Papa Paolo ha la sua origine nella stessa fonte del culto pagano, poiché il suo significato, sempre secondo la sua costruzione sumera, si riferisce all'acqua forte della fecondità, o sperma. Durante le manifestazioni pubbliche di rapporti sessuali di massa, che prendono il nome di riti di fertilità, questo seme, una volta eiaculato, veniva raccolto nelle mani dei sacerdoti officianti, che lo mostravano a Yahweh (Jehovah) per ottenere la sua approvazione e poi lo spalmavano sui loro corpi.

Questo era ciò che implicava Papa Paolo quando alzò le braccia e pronunciò un sentito Alleluia!

Parte decima

> *È sempre sbagliato iniziare una conversazione con il Diavolo, perché, qualunque sia il modo in cui lo fa, insiste sempre per avere l'ultima parola.*
>
> Andre Gide.

Si spera che i possibili lettori di questo libro, che potrebbero non avere familiarità con la storia cattolica, abbiano ormai compreso un fatto essenziale: che il declino generale della Chiesa è stato causato dal Concilio che va sotto il nome di Vaticano II. Inoltre, che il Concilio fu convocato da Giovanni XXIII che, come molti prelati e molti altri di rango inferiore sotto la sua ala papale, era membro clandestino di società segrete e, secondo la secolare tradizione della Chiesa, era scomunicato e quindi escluso dall'esercizio di qualsiasi funzione sacerdotale legittima. I risultati disastrosi del fatto che ciò sia stato permesso, con l'approvazione papale (poiché entrambi i papi che hanno succeduto Pio XII all' e facevano parte della cospirazione generale, mentre i recenti Giovanni Paolo I e Giovanni Paolo II sono oggetto di sospetto), sono evidenti anche all'osservatore più superficiale. Tali risultati sono il frutto del desiderio principale di Paolo VI riguardo all'attuazione del Concilio Vaticano II, espresso nel suo testamento e ripetuto più volte da Giovanni Paolo II: "Che le sue prescrizioni siano messe in atto".

Tali prescrizioni erano state definite anni fa nelle politiche di Adam Weishaupt, Little Tiger, Nubius e altri (già citati) affinché i loro discepoli addestrati si infiltrassero e poi logorassero l'autorità, le pratiche e la vita stessa della Chiesa. Questo l'hanno realizzato, sotto le spoglie del progresso o della liberazione.

Ogni aspetto della Chiesa, spirituale e materiale, è stato preso in mano, dalla Cattedra di Pietro, con la sua dignità un tempo regale, a un sgabello nella più insignificante chiesa parrocchiale. I pochi sacerdoti che se ne sono resi conto sono stati tenuti in secondo piano o, se sono riusciti a farsi ascoltare, sono stati esposti al ridicolo; e osservando la scena, con i suoi disordini, le esibizioni di profanità e le aberrazioni sessuali messe in scena in alcuni dei suoi edifici più venerati, tra cui San Pietro, si è tentati di pensare a una brigata di guardie un tempo altamente disciplinata trasformata in una folla di teppisti urlanti.

Si può passare dal truismo che le piccole cose sono piccole cose a una comprensione più completa che i piccoli inizi non sono piccole cose; ed è proprio lavorando su questo principio che i moderni controllori della Chiesa hanno raggiunto i loro fini senza suscitare troppo allarme tra la popolazione in generale.

Hanno iniziato allentando le discipline formali e le inibizioni, come l'astensione dal consumo di carne il venerdì. Poi sono scomparsi alcuni simboli, rituali e devozioni. Il vecchio linguaggio liturgico latino è praticamente scomparso. L'abito delle suore, che non aveva mai mancato di ispirare rispetto anche nei più irreligiosi, è caduto in disuso, così come la tonaca. Quest'ultima fu talvolta sostituita dai jeans, come dimostrarono due novizi che, a Roma, salirono all'altare per ricevere la benedizione del loro Padre Generale sembrando più hippy che futuri gesuiti. Una piccola croce, indossata all'occhiello della giacca, stava rapidamente diventando l'unico segno che chi la portava era un sacerdote.

La vecchia idea dell'autorità sacerdotale, esercitata da un semplice chierico o dal Papa, era stata effettivamente distrutta; e c'erano sempre voci pronte ad applaudire ogni volta che la Chiesa sperperava questo o quello del suo patrimonio. "Il sacerdote oggi non è più un essere speciale", gridava esultante Yves Marsaudon, membro del Supremo Consiglio Massonico di Francia. Un congresso di teologi morali, tenutosi a Padova, andò ancora oltre: "La coscienza individuale è l'autorità suprema del cristiano al di sopra del magistero papale".

Stava diventando opinione comune che un giorno la Chiesa tradizionale sarebbe scomparsa o si sarebbe adattata. Sarebbe diventata una delle tante istituzioni, con il patrimonio accumulato in duemila anni gettato via come cose di poco valore.

Una rapida occhiata alle statistiche disponibili di quegli anni mostra un calo sorprendente in tutti i settori della vita ecclesiale. Le vocazioni, i battesimi, le conversioni e i matrimoni in chiesa subirono un crollo vertiginoso. L'unico aumento fu il numero di coloro che abbandonarono la Chiesa.

Molti preferivano leggere la liturgia della Messa nelle loro case, la domenica e nei giorni festivi, piuttosto che vedere i suoi movimenti un tempo solenni parodiati e sentire il linguaggio storico svilito in chiesa.

In Inghilterra, tra il 1968 e il 1974, si calcola che circa due milioni e mezzo di persone si siano allontanate dalla Chiesa; e se a questo si aggiunge la vendita dei giornali cattolici, il più popolare dei quali, *The Universe*, aveva una tiratura media settimanale di quasi trecentododici mila copie nel 1963, nove anni dopo tale cifra era scesa a meno di centottantamila.

In Francia, con l'ottantasei per cento della popolazione ufficialmente cattolica, il dieci per cento si recava a Messa; mentre una cifra simile, dal 1971 al 1976, si applicava anche a Roma. Nello stesso periodo, in Sud America, un tempo considerato uno dei bastioni più difficili da abbattere per gli anticlericali e dove la popolazione era comunemente ritenuta immersa nella superstizione, circa venticinquemila sacerdoti rinunciarono ai voti. Fonti vaticane riferivano che ogni anno si registravano tremila dimissioni dal sacerdozio, senza contare coloro che abbandonavano senza preoccuparsi di ottenere l'approvazione ecclesiastica.

La parte cattolica dell'Olanda, dove il nuovo insegnamento era predominante, versava in condizioni i davvero preoccupanti. Nel 1970 non si presentò nemmeno un candidato all'ordinazione sacerdotale e nel giro di dodici mesi tutti i seminari furono chiusi.

Negli Stati Uniti, nell' e, nei sette anni precedenti al 1974, un seminario su quattro chiuse i battenti.

Il traffico era a senso unico, perché oltre al calo registrato nella frequenza delle chiese, un corteo regolare di sacerdoti e suore, nello spirito della nuova libertà, decideva che il matrimonio offriva una vita quotidiana più confortevole rispetto alla vita in canonica o in convento. "Sacerdote ribelle, cinquantenne, sposa ragazza di venticinque anni" - così recitava un tipico titolo del Daily *Express* del 9 settembre 1973. Il matrimonio fu celebrato in una chiesa protestante, dove la partecipazione fu allietata da sacerdoti e suore, tutti professionalmente preparati ad aggiungere le loro benedizioni ai coriandoli.

Molti sacerdoti avevano superato la fase delle allusioni e ora si dichiaravano apertamente a favore dell'aborto. Per quanto riguarda il sacramento del matrimonio, dato che sempre più coppie erano stanche di incontrare la stessa faccia a colazione, la Chiesa scoprì che aveva sbagliato a dichiararle marito e moglie. Le richieste di annullamento per consanguineità, mancata consumazione o perché nessuna delle due parti era stata validamente battezzata erano all'ordine del giorno, e la concessione delle annullamenti divenne un business piuttosto fiorente.

Nel 1972, pochi anni dopo l'inizio del degrado, Papa Paolo VI si occupò personalmente di circa quattromila casi. Incoraggiati da questo, seguì un vero e proprio diluvio di richieste. Pochissimi di coloro che cercavano la "libertà" furono definitivamente respinti, ma fu loro consigliato di riprovare o di tornare più tardi. A Trenton, nel New Jersey, il vescovo Reiss era così oberato di lavoro che nominò diciassette sacerdoti supplementari per aiutarlo (cito le sue stesse parole) a "rafforzare" il numero delle annullamenti.

2.

Nel marzo 1981 il Vaticano prese la decisione, a molti superflua, di ribadire il canone 2335 del Codice di Diritto Canonico, secondo cui qualsiasi cattolico che entrasse a far parte di una società segreta sarebbe stato scomunicato. All'uomo della strada, che non sapeva che decine di ecclesiastici, alcuni dei quali ai vertici della Chiesa, avevano già violato quella legge, sembrò una mera formalità. Ma il Vaticano, agendo sulla base di informazioni ricevute, sapeva molto bene cosa stava facendo. Si stava proteggendo in anticipo da qualsiasi effetto probabile di uno scandalo scoppiato nel maggio dello stesso anno.

Il governo del Paese, guidato dai democratici cristiani, era formato da una coalizione che comprendeva socialisti, socialdemocratici e repubblicani. Ma i comunisti ora chiedevano un posto nella coalizione, per fini politici che non lasciavano dubbi sulle loro intenzioni. "Il problema", dicevano, "è quello di rimuovere le istituzioni democratiche, l'apparato statale e la vita economica dalla struttura di potere democratico-cristiana".

Ma i loro sforzi fallirono. I democratici cristiani rimasero saldi. Così i loro nemici ricorsero a un'arma che si è dimostrata non meno letale nella guerra politica dell'assassinio. Provocarono uno scandalo di vasta portata che, speravano, avrebbe rovesciato l'ordine di governo esistente in Italia.

Nell'ambito delle ripercussioni che, dopo il crollo dell'impero finanziario di Michele Sindona, avevano sconvolto l'inizio dell'estate del 1981, fu fatto credere che fossero venute alla luce le attività di una pericolosa e diffusa società segreta, nota come Propaganda Due (P2). Ma nel confuso mondo della politica e della finanza le cose non sono così semplici. Le persone che, quando costrette a farlo, gridano più forte contro i complotti, sono sempre state parte della cospirazione dietro le quinte. Il fatto che le frodi siano state portate alla luce dell' e può essere dovuto a rancore personale, ricatti delusi o alle indagini di qualche sottoposto troppo zelante - "perché non ha tenuto la bocca chiusa?" E i profittatori ipocriti che, dal loro alto piedistallo morale ma con le tasche vuote, non possono fare altro che rendere pubblica la truffa, devono sfogarsi in privato.

La scoperta della P2 iniziò quando la polizia ricevette una misteriosa telefonata che consigliava di perquisire la casa di Licio Gelli, un nome prestigioso nelle società segrete, e di indagare sui suoi rapporti con l'ex carrettiere Michele Sindona.

La sola menzione di Sindona fece pensare ai membri della Curia coinvolti a come evitare di essere coinvolti nello scandalo. Da qui il loro richiamo apparentemente inutile al mondo intero che il Canone 2335 era ancora valido. Nel frattempo la polizia aveva trovato nella casa di Gelli una valigetta contenente i nomi di novecentotrentacinque membri della P2.

C'erano molti politici di spicco, tra cui tre ministri e tre sottosegretari; generali dell'esercito e capi della marina; banchieri e industriali di primo piano, capi dei servizi segreti, diplomatici, giudici e magistrati; funzionari dei ministeri degli Esteri, della Difesa, della Giustizia, delle Finanze e del Tesoro; nomi di spicco della radio e della televisione, nonché l'amministratore delegato, il direttore e l'editore del principale quotidiano italiano, *il Corriere della Sera.*

Molti altri si dimisero, mentre una miriade di altri crollarono come Humpty Dumpty quando le liste furono pubblicate. Seguì una serie di dimissioni ancora più consistenti, quando l'intero governo di Arnaldo Forlani fu spazzato via. Gli accusatori e le loro vittime erano, ovviamente, tutti membri della stessa banda. Si trattò di una vendetta tra "fratelli che litigano". Seguirono le solite accuse e recriminazioni, che coinvolgevano ogni tipo di reato, persino l'omicidio. La falsificazione dei conti, lo spionaggio e la corruzione di funzionari pubblici passarono in secondo piano.

Durante tutto questo periodo il Vaticano reagì solo con un leggero fremito. Infatti, sebbene la Chiesa avesse perso la sua aura di riverenza e il suo prestigio fosse ridotto a un'ombra, rimaneva imperscrutabile. Il fantasma del suo passato era ancora potente. Le armi dell' e potevano essere puntate contro le sue mura, ma non c'era nessun cannoniere che potesse accendere la miccia.

Fu un cinico saggio a dire: "In Italia la religione è una maschera".

3.

Sebbene nessun ecclesiastico fosse stato coinvolto nello scandalo, lo scoppio del caso Sindona portò indirettamente la Chiesa a rivedere il proprio atteggiamento nei confronti delle società segrete. Secondo la dottrina ortodossa, la questione era stata risolta dal canone 2335 del Codice di Diritto Canonico, che proibiva a qualsiasi cattolico, sotto pena di scomunica, di aderire a tali società. Ma nonostante ciò, poiché molti ecclesiastici, compresi membri della Curia, avevano infranto quella legge, i negoziati tra le due parti, iniziati nel 1961, si protrassero per undici anni, con il cardinale Bea, Segretario di Stato del Papa (il cui nome era dubbio quanto la sua nazionalità), assistito dal cardinale Konig di Vienna e da monsignor J. de Toth, che proponeva una versione più accettabile del punto di vista della Chiesa.

Questi lunghi colloqui erano più interessati a appianare le divergenze del passato che a formulare una politica futura. Ma riuscirono a tenere fuori l'argomento dei disegni occulti contro la Chiesa, che avevano in parte provocato il divieto di quest'ultima. Seguirono ulteriori discussioni ad Augusta nel maggio 1969, dove si prese in considerazione la condanna categorica delle società da parte del Papa; e nei circoli conservatori crebbe l'apprensione quando, per spiegare lo scopo delle assemblee, furono usati termini ambigui come "contesto storico" delle bolle papali e "eliminazione delle ingiustizie del passato".

L'esito di questa nuova relazione giustificò pienamente i dubbi di coloro che temevano che la Chiesa stesse cedendo terreno e tornando sui suoi giudizi definiti definitivi; e che si stesse imponendo la punta dell'iceberg divenne evidente nel luglio dello stesso anno, dopo una riunione nel monastero di Einsiedeln, in Svizzera.

Lì il professor Schwarzbaver anticipò con sicurezza che non sarebbe stato fatto alcun riferimento al lato oscuro delle società segrete. E così fu. Fu invece annunciato che le precedenti decisioni di Roma sul rapporto tra la Chiesa e le società segrete non erano contenute nelle bolle papali o nelle encicliche, ma nel diritto canonico che, come ogni ecclesiastico "aggiornato" sapeva, era in fase di revisione.

Ciò suscitò dubbi ancora più seri negli ambienti ortodossi. Si ricordò che il Diritto Canonico si riferisce a un corpus di leggi, autorizzato dalla Chiesa e "vincolante per coloro che sono soggetti ad esso per mezzo del battesimo". Ciò poteva significare che termini come vincolante, revisione e alterazioni stavano per essere sottoposti a nuove interpretazioni? Inoltre, più di una bolla papale conteneva certamente una condanna delle società.

Le società (e questo va ribadito) non avevano alcuna intenzione di smentire il loro intento originario di minare la Chiesa. Non ne avevano bisogno. Finora avevano avuto successo nel loro intento. I loro uomini si erano infiltrati e avevano preso il controllo della Chiesa a tutti i livelli, al punto che la Chiesa sembrava avere fretta di abbandonare ciò che restava delle sue rivendicazioni originali, dei suoi riti storici e della sua maestà; e ora le società aspettavano che i loro uomini scelti, cardinali e altri, si presentassero davanti al mondo, cappello in mano, e gridassero ad alta voce i loro errori di giudizio del passato.

Un passo decisivo in questa direzione venne dall'ortodosso centro della Spagna, dove padre Ferrer Benimeli avanzò la straordinaria richiesta che le bolle papali che condannavano le società non potessero più essere considerate valide.

L'impegno che le restrizioni imposte dal diritto canonico alle società segrete in passato non sarebbero state invocate nuovamente fu assunto dal cardinale Konig quando i rappresentanti della Chiesa e quelli secolari si incontrarono al castello di Lichtenau nel 1970. Seguì poi la dichiarazione che il diritto canonico e le bolle papali erano stati perfettamente validi nel XII e XIII secolo, ma che tali documenti avevano ormai un significato prevalentemente storico e che la loro importanza non poteva essere applicata da una Chiesa che predicava la dottrina più significativa dell'"amore fraterno" che, insieme all'amicizia e alla moralità, "costituiva uno dei principi più eccellenti delle società".

I critici di queste tattiche di "avvicinamento" vi vedevano una concessione allo spirito fraterno ispirato dalle società, e anche un'approvazione virtuale del culto dell'uomo che Papa Paolo aveva predicato negli Stati Uniti, e in cui era stato confermato dai Maestri di Saggezza.

Il risultato generale di questi contatti, da parte della Chiesa, fu sottoposto all'esame della Congregazione per la Dottrina della Fede; e l'esito era già deciso in anticipo dalle osservazioni e dalle riserve che lo accompagnavano. Era inutile guardare indietro a ciò che la Chiesa aveva deciso in passato. Il confronto dimostrava che il suo atteggiamento passato era antiquato e apparteneva propriamente a un'epoca in cui insegnava che "non c'è salvezza fuori dalla Chiesa".

Anche quello slogan era superato e la stampa mondiale, compresa la maggior parte degli organi cattolici, si mise al lavoro con zelo, come sempre quando si trattava di diffondere opinioni che minavano la tradizione e rafforzavano i disegni dei membri delle società segrete che indossavano la mitra in Vaticano.

Con il Sant'Uffizio che continuava a fare i salti mortali per confermare i cambiamenti, il processo di secolarizzazione acquistò slancio a partire dall'autunno del 1974. Fu chiarito che il divieto delle società segrete era diventato lettera morta e che la sua abrogazione stava portando sollievo "a un certo numero di brave persone che vi avevano aderito solo per motivi economici o sociali". Esse non rappresentavano più un pericolo per la Chiesa.

Lo sgomento causato da questo fatto in alcuni ambienti fu riassunto da padre Pedro Arrupe, generale della Compagnia di Gesù (Gesuiti), che lo vide come una concessione al "naturalismo" organizzato che, secondo lui, era entrato nel territorio stesso di Dio e stava influenzando le menti dei sacerdoti e dei religiosi. Il naturalismo, affermando dogmaticamente che solo la natura umana e la ragione umana devono essere supreme in tutte le cose, era un'altra eco del culto dell'uomo.

Il cambiamento di atteggiamento della Chiesa nei confronti delle società segrete si rifletteva in questo Paese in John Cannel Heenan, nominato arcivescovo di Westminster nel 1963 e creato cardinale due anni dopo. In linea con la sua fiduciosa aspettativa che il divieto della Chiesa nei confronti delle società sarebbe stato presto abolito, alcuni dei suoi alti prelati furono autorizzati a negoziare con loro. Il cardinale fu poi informato che nelle librerie cattoliche della sua diocesi era in vendita una pubblicazione che ribadiva le divergenze tra le due parti.

Egli espresse la sua preoccupazione: "Se, come sospetto, è fuorviante, provvederò a farla ritirare". Così fece, e quella pubblicazione, insieme a tutte quelle simili, scomparve.

Un interessato che scrisse al cardinale in merito ricevette in risposta la rassicurazione che il cardinale aveva trasmesso la sua benedizione. Lo stesso interessato, recandosi alla libreria della Catholic Truth Society, vicino alla Cattedrale di Westminster, venne informato che non c'erano stati contatti con il cardinale e che gli opuscoli erano stati ritirati "per mancanza di interesse pubblico".

La crescente convinzione che il canone 2335 non sarebbe apparso in nessuna edizione riveduta del diritto canonico, insieme al fatto che gli elementi ortodossi venivano messi in difficoltà, come era già successo nel Concilio Vaticano II, portò la Chiesa e le società a esprimere un rapporto più aperto.

Ad esempio, nel marzo 1976 si tenne una "colazione di dedicazione" all'Hilton Hotel di New York, presieduta dal cardinale Terence Cooke, affiancato dal cardinale Kroll di Filadelfia, e alla quale parteciparono circa tremila membri di società segrete. Il cardinale Brandao Vilela di San Salvador de Behia rappresentava il Brasile.

Nel suo discorso, il cardinale Cooke definì questo "evento gioioso" come una tappa ulteriore sulla "strada dell'" e verso l'amicizia". Espresse rammarico per le "distanti relazioni del passato" e auspicò che la sua presenza in quella sede fosse segno che la nuova intesa tra le due parti non sarebbe mai più stata compromessa. Per i cardinali e i maestri non si trattò tanto di una colazione sontuosa quanto di un'unione epocale, realizzata da avversari che non si erano mai incontrati (apertamente) prima di allora.

Il cardinale Kroll, in qualità di presidente della Conferenza episcopale degli Stati Uniti, era stato precedentemente contattato dal cardinale Seper, prefetto che aveva espresso i timori di coloro che deploravano i segni di cambiamenti vitali nella Chiesa. Seper era stato informato che non era stata apportata alcuna modifica e che non era prevista alcuna modifica nell'ambito della legislazione centrale.

È ancora, e in tutti i casi", disse Kroll in una dichiarazione che solo a leggerla fa alzare le sopracciglia, "vietato ai chierici, ai religiosi e ai membri di istituti secolari appartenere a un'organizzazione segreta... Coloro che si iscrivono in associazioni dello stesso tipo che tramano contro la Chiesa o le legittime autorità civili, incorrono per questo stesso fatto nella scomunica, la cui assoluzione è riservata alla Santa Sede".

Era vero che allora non era in atto alcun complotto attivo contro la Chiesa. Le società potevano benissimo permettersi di stare a guardare e prendere fiato; non per un cambiamento decisivo di opinione, ma perché la prima fase del complotto era stata portata a termine con successo. Due dei membri scelti dalle società, nelle persone di Giovanni XXIII e Paolo VI, avevano occupato la Cattedra di Pietro. Altri della loro stessa specie, che avevano ricevuto la berretta cardinalizia o la mitra vescovile, avevano dominato i loro consigli. La mossa successiva del complotto contro la Chiesa era riservata al futuro, quando le innovazioni dottrinali e pratiche fossero state accettate da una generazione che non aveva mai saputo cosa significasse rispondere alle mani guida di papi come l'ormai denigrato Pio XII.

La retroguardia, così si potrebbero chiamare gli antiliberali, sfruttò il più possibile il canone 2335 e lo scandalo Sindona come esempio dei disastri diffusi causati dal contatto con una società segreta. Nell'ambito di questa campagna, a metà del 1981 si tenne una Conferenza Episcopale Tedesca, in cui si sottolineò senza alcuna riserva che "l'appartenenza simultanea alla Chiesa cattolica e a una società segreta è impossibile".[25]

A ciò seguì l'approvazione da parte del governo italiano di un disegno di legge che metteva fuori legge e scioglieva tutte le società segrete, ricordando ai cattolici che la scomunica era ancora la pena prevista dalla Chiesa per chi vi aderiva.

Ma sia la dichiarazione tedesca che quella italiana erano solo cortine fumogene; e nessuno lo capiva meglio delle società, che non ne erano minimamente impressionate. Quel canone 2335, se fosse apparso in qualsiasi edizione rivista del diritto canonico, avrebbe perso ogni urgenza, essendo passato da semplice voce e pettegolezzo giornalistico a fatto imminente. Un prelato inglese, il cardinale Heenan, aveva detto di più, anticipando addirittura la sua abolizione. Mentre un alto funzionario delle società a Roma, imperturbabile, affermava di sapere da fonti autorevoli che il diritto canonico era in fase di revisione, come effettivamente era, ad opera di una commissione cardinalizia istituita da Giovanni XXIII e proseguita sotto Paolo VI.

Il funzionario proseguiva affermando che le differenze ancora evidenti tra la Chiesa e le società facevano tutte parte del conflitto in Vaticano tra tradizionalisti e progressisti. "Questo poteva anche essere vero" — , che poteva permettersi di scrollarsi di dosso il loro ultimo attacco contro di noi.

Quella dichiarazione, come tutte le altre provenienti dallo stesso ambiente, si è rivelata corretta. Infatti, secondo una dichiarazione della Santa Sede, "la Sacra Congregazione per la Dottrina della Fede ha stabilito che il canone 2335 non impedisce più automaticamente ai cattolici di appartenere a gruppi massonici".

---

[25] Il testo completo è riportato nell'*Amtsblatt des Ezzbistums*, Colonia, numero di giugno 1981.

4.

Probabilmente era stato per volontà dello stesso Papa Paolo, in contrasto con una consuetudine che era parte della seconda natura dei cristiani, e in particolare dei cattolici, che dopo la sua morte, nel 1978, non ci fosse alcun crocifisso e, né tantomeno il simbolo religioso più comune, una croce, sul catafalco quando il suo corpo fu esposto per la venerazione in Piazza San Pietro.

Era forse un tacito riconoscimento che il suo lavoro, in conformità con il segreto consiglio che gli era stato imposto sin da quando era diventato arcivescovo di Milano, era stato svolto bene e fino in fondo?

Parte undicesima

O VILLAIN! Mi hai rubato sia il mio ufficio che il mio nome.

Shakespeare.

Per chi non conosce il potere e la portata delle società segrete, la personalità di Papa Paolo VI rappresenta un vero enigma. Nessun altro Papa, nemmeno nei periodi più tempestosi, è stato oggetto di resoconti così contrastanti; nessun altro Papa è stato così apparentemente contraddittorio.

Anche una lettura superficiale del suo regno lascia un'impressione di dubbio, ambiguità e una sorta di debolezza patetica che è molto lontana dai pontificati assertivi del passato.

Come si può spiegare che un Papa si lamenti, come ha fatto Paolo, che non si può più avere fiducia nella Chiesa? Ha firmato i documenti che hanno mantenuto il Concilio Vaticano II sulla buona strada e ha promesso, quasi all'inizio del suo pontificato, di consolidarne e attuarne le decisioni. Eppure ha cambiato tono ancora prima della fine dell'ultima sessione. Si sarebbe potuto credere che il Concilio avrebbe portato giorni luminosi nella storia della Chiesa. Invece sono giorni di tempesta, nuvole e nebbia. Come è potuto accadere?

E la risposta che ha dato: "Pensiamo che ci sia stata l'influenza di un potere ostile. Il suo nome è il Diavolo" – viene da chiedersi se fosse una forma di confessione, un'autoaccusa.

Stava semplicemente esprimendo ciò che sapeva essere diventato realtà, o parlava come una vittima, un uomo disilluso in preda a forze che sfuggivano al suo controllo?

Confrontate i suoi giudizi con quelli di quasi tutti i suoi predecessori, un Pio V, un Leone XIII, e il contrasto appare, come ho detto prima, piuttosto pietoso. Per citare solo due esempi. Nel settembre 1972, egli si oppose con forza alla proposta che le donne potessero svolgere un ruolo nel ministero sacerdotale. Un tale allontanamento dalla tradizione era impensabile. Tuttavia, la sua non fu una voce decisiva, poiché solo tre settimane dopo il Vaticano distribuì un comunicato ai giornalisti annunciando che il Papa avrebbe potuto cambiare idea. La contraddizione finale arrivò il 29 marzo 1973, quando l'Associated Press riportò: "Papa Paolo ha stabilito oggi che le donne, indipendentemente dal fatto che siano suore, possono distribuire la Comunione nelle chiese cattoliche romane".

Il Papa aveva già condannato, nel maggio 1969, una nuova pratica che si era insinuata, secondo la quale la Comunione veniva ricevuta nella mano. Tuttavia, in seguito ritirò tale critica, con la significativa riserva che il pane della Comunione potesse essere ricevuto in tal modo dopo un'adeguata istruzione.

La sua debolezza, la sua resa all'innovazione nel rituale e nella pratica, insieme all'accettazione del marxismo rivoluzionario e alle molte strane voci che di tanto in tanto provenivano dal Vaticano, fecero sì che molte persone in più parti del mondo si chiedessero se stessero davvero assistendo alla caduta di Roma.

Si diceva che la corrispondenza del Papa, prima di giungere a lui, passasse per le mani di Casaroli, Villot e Benelli, i cardinali che controllavano di fatto il Vaticano. Gli statisti e gli ecclesiastici in visita ufficiale trovavano Papa Paolo diffidente, quasi vago, più pronto a commentare e dare opinioni che a dare risposte definitive. Gli mancava chiarezza e, mentre lo stupore lasciava il posto a un senso di inquietudine, emersero varie teorie per spiegare l'aria di mistero che circondava la Cattedra di Pietro.

La più plausibile, secondo cui Paolo era un antipapa, un infiltrato comunista addestrato, poteva essere sostenuta dal suo passato noto, dalla sua amicizia con l' e anarchico Alinsky e altri suoi simili a Milano, e dalle eresie che aveva alimentato da quando era salito al potere.

Altre spiegazioni saranno avanzate qui (non perché figurino tra le convinzioni dell'autore, che le considera stravaganti, alcune delle quali in modo esagerato), ma per rendere noto ciò che molte persone intelligenti sono giunte a pensare di fronte a una situazione simile a quelle dei secoli passati, quando le forze di San Michele e Asmodeo si scontrarono sulle rive del Tevere.

Una teoria è che Paolo VI, un buon Papa nel senso normale del termine, cadde nelle mani di agenti di società segrete (e qui riaffiorano i nomi di Villot, Casaroli e Benelli), che lo drogarono, gli iniettarono veleno nelle vene e lo resero incapace di ragionare, cosicché tutto ciò che pretendeva di essere impresso dal magistero della Chiesa proveniva, in realtà, dal triumvirato dei Cardinali.

Ma ciò sembrerebbe escluso dall'attaccamento di Montini al marxismo, che avrebbe reso superflua qualsiasi pressione da parte delle società segrete di sinistra.

Sarebbe stato superfluo. Tuttavia, c'è stata un'affermazione del Papa, quando un dignitario gli chiese di placare l'allarme diffuso, che potrebbe essere considerata indicativa:

"Voi credete che il Papa sia male informato o soggetto a pressioni?"

Alla fine, le notizie provenienti da Roma sui sacrilegi e gli abusi commessi in chiesa, con l'approvazione del Papa, divennero così sconcertanti che gruppi di persone in Europa e in America decisero di agire.

Il culmine fu raggiunto quando Daniel Scallen, della Marian Press di Georgetown, Ontario, Canada, incaricò l'agenzia investigativa Pinkerton di New York di indagare. Nel 1973 uno dei detective dell'agenzia fu inviato a Roma e tornò con una storia che faceva impallidire tutte le altre speculazioni, per quanto sensazionali.

Egli aveva stabilito che nel Vaticano vivevano due papi, Paolo VI e un impostore che era stato reso simile a Montini con l'aiuto della chirurgia plastica. Furono necessarie diverse operazioni di questo tipo e quando le fotografie a colori del falso papa furono inviate agli ambienti interessati a Monaco, dove l'impostura è ancora oggetto di studi approfonditi, si notarono alcune differenze evidenti tra i due volti che non potevano essere superate.

Per sottolineare le differenze: Montini aveva occhi azzurri chiari, grandi, ed essendo presbite aveva bisogno degli occhiali solo per vedere da vicino. L'impostore aveva occhi verdi, piccoli, e indossava occhiali con lenti spesse in ogni occasione.

Le fotografie di Montini rivelano un piccolo neo, o voglia, tra l'occhio sinistro e l'orecchio sinistro. Questo segno non compare nelle fotografie dell'impostore, il cui sopracciglio sinistro era più vicino all'occhio rispetto a quello di Montini.

Le differenze tra il naso e le orecchie dei due uomini sono considerate decisive. Il naso di Montini era romano e sporgeva leggermente sopra la bocca. Il naso dell'impostore, in parte dritto e in parte adunco, era corto, e coloro che hanno sottoposto le fotografie a un esame professionale sostengono di aver rilevato l'inserimento di una striscia di plastica nel naso per farlo sembrare più dritto.

Ma sono le differenze nella forma e nella struttura delle orecchie a presentare la maggiore difficoltà a coloro che dubitano dell'esistenza di un impostore. Tali differenze sono uniche, individuali e vengono trattate alla stregua delle impronte digitali nei tribunali. Qualsiasi confronto tra i lobi e la struttura delle orecchie, come rivelato dalle fotografie, è piuttosto impressionante.

Ma gli ambienti interessati non si sono fermati qui. Hanno rivolto la loro attenzione alla voce e hanno chiesto l'aiuto della Type B-65 Kay Elemetrics di Pine Brook, nel New Jersey, e della Ball Telephone Company. Il loro obiettivo era quello di analizzare la voce (o le voci, se c'erano davvero due papi) quando pronunciavano la tradizionale benedizione della domenica di

Pasqua e del giorno di Natale, con le parole *Indulgentium Peccatorum,* pronunciate dal Vaticano nel 1975.

In entrambe le occasioni il messaggio fu trasmesso a Roma e molte persone lo registrarono; e secondo i sonogrammi realizzati - i sonogrammi sono più sensibili dell'orecchio - l'uomo che aveva parlato a Pasqua e poi di nuovo a Natale non era lo stesso. C'erano stati due oratori diversi.

Cito qui coloro che sono qualificati per giudicare i sonogrammi e riassumono le differenze: una voce aveva un tono molto più basso dell'altra, con un trascinamento più pronunciato delle sillabe delle parole.

Un'altra differenza era che una voce aveva una gamma di frequenze molto più bassa. Emetteva un suono più sibilante ed era notevolmente tremolante.

Questi grafici sono stati sottoposti all'esame dell'FBI, che è giunto alle stesse conclusioni. I modelli vocali erano diversi e indicavano che le corde vocali, la bocca e le labbra erano uniche per ciascun individuo.

Successive dichiarazioni che sostenevano l'esistenza di un falso Papa Paolo VI continuano affermando che si trattava di un attore le cui iniziali erano P.A.R. e che era stato lui a morire a Castelgandolfo il 6 agosto 1978. Un vescovo tedesco, che sostiene di avere prove che Montini fosse stato visto per l'ultima volta non in Vaticano ma nella periferia di Roma, spera di renderlo pubblico in un libro di prossima pubblicazione.

Questo potrebbe indicare che il vero Paolo VI è stato tenuto prigioniero in Vaticano, o che è stato rapito, forse assassinato? Un laico alla ricerca di prove più concrete si è recato a Brescia, dove vivevano alcuni parenti di Montini. Lì una nipote lo ha informato che erano perfettamente consapevoli dell'impostura, ma che tutti i loro sforzi per renderla nota erano stati soffocati.

L'investigatore, ovviamente inesperto e animato da uno zelo crociato per portare alla luce la verità, si è presto trovato nei guai. È stato incarcerato per quattro anni e poi espulso dall'Italia.

Da allora tutti i tentativi di rintracciarlo sono falliti.

Ebbene, nella confusione che regnava nella roccaforte romana, questo è ciò che alcune persone tutt'altro che trascurabili sono giunte a credere.

Parte dodici

Nessun romano ha mai potuto dire: "Ieri sera ho cenato con i Borgia".

Maz Beerbohm.

Un prete disilluso che, nonostante tutto, continua a celebrare la messa ogni giorno e ad adempiere a tutti i doveri richiesti da una parrocchia, si è limitato a scrollare le spalle quando gli ho accennato alla possibilità che oggi vengano commessi dei crimini in Vaticano.

"Beh", disse, "cose del genere sono sempre successe lì. Perché non dovrebbero continuare?"

Non era minimamente turbato dalla mia insinuazione. Un nemico di Roma non avrebbe potuto essere più disinvolto, più rassegnato all'uso del veleno e della corda dello strangolatore, e all'accettazione dell'adulterio nelle alte sfere.

Le due malattie, la malaria e la gotta, figurano tra le cause di morte di parecchi papi.

Ma a volte potevano essere riassunte in una sola parola, veleno, come nel caso di Gregorio V, che regnò dal 996 al 999. Lo stesso si può dire della morte di Damaso II che, dopo essere stato eletto il 17 luglio 1048, visse solo tre settimane.

Celestino II, un tempo discepolo di Abelardo, fu eletto papa il 26 settembre 1143 e morì nella seconda settimana del marzo successivo. C'era chi, tra i suoi, sospettava fortemente un avvelenamento. Nel giugno 1517 il papa mediceo Leone X sfuggì per un soffio a un complotto ordito dal cardinale Petrucci e da altri quattro principi dell' e della Chiesa, che volevano avvelenarlo. Leone XI morì il 27 aprile 1605, dopo un regno durato solo ventisette giorni. Secondo i biografi ufficiali, la sua morte fu causata da un improvviso raffreddamento aggravato dalle preoccupazioni del suo ufficio. Ma c'era chi lo aveva visto chinarsi su una coppa avvelenata.

Tra questi due pontificati di breve durata, il vice-cancelliere della Chiesa romana, Rodrigo de Borgia, che avrebbe segnato il periodo e la sua famiglia con un'infamia rara in qualsiasi epoca, salì al trono papale nel 1492 con il nome di Alessandro VI.

Oltre a diverse amanti secondarie, aveva già preso come amante principale una donna romana sposata, Vanozza de Cataneis, che gli diede tre figli e una figlia, tutti vissuti sotto l'ala protettrice del padre come membri privilegiati della corte; e fin dall'inizio, a parte i gesti e le proteste che erano parte inevitabile del suo ufficio, la molla principale della vita di Alessandro divenne l'avanzamento e la sicurezza politica della sua famiglia.

Il figlio maggiore, Juan, duca di Gandia, rivaleggiava con il padre per il numero di relazioni illecite in cui era coinvolto. Suo fratello Cesare, non da meno, avrebbe aggiunto il proprio marchio distintivo di crimini agli annali dei Borgia. Quando aveva solo diciassette anni, Alessandro lo nominò cardinale, anche se Cesare non era mai stato più di un suddiacono, certamente non un sacerdote. Suo padre fu altrettanto accomodante quando Cesare, sebbene fosse un principe della Chiesa (abbandonò presto questa finzione), volle sposarsi. La dispensa necessaria fu presto concessa.

Il più giovane dei figli di Alessandro, Jofre, sposò una figlia illegittima di Alonso II di Napoli.

Poi venne Lucrezia che, a causa del suo sesso e della sua manifesta devozione religiosa in un ambiente del genere, è stata trattata in modo ingiusto dai romanzieri e dagli storici di stampo hollywoodiano. Secondo gli standard dell'epoca, era sufficientemente poco femminile da occuparsi della corrispondenza ufficiale del padre quando questi era fuori Roma, e non sappiamo nulla di definitivo che possa screditarla.

Il suo primo matrimonio, con un principe della casata degli Sforza, fu annullato per mancata consumazione. Il secondo fu con un altro " " della stirpe illegittima del re di Napoli, mentre il terzo fu con il duca Alfonso d'Este di Ferrara.

Lucrezia morì giovane, ma non prima di aver vissuto la strana esperienza di sapere che il suo secondo marito era stato strangolato da suo fratello Cesare. Ma questo non fu il momento culminante della carriera di Cesare, che si occupò in modo simile anche di suo fratello Juan. Rivolse poi la sua attenzione ai cardinali, quelli con denaro, e usò le sue mani pronte, o il sempre conveniente veleno, per far fuori diversi di loro, tra cui il cardinale Michele, nipote di papa Paolo II, e il cardinale Orsini.

Ma questo non esaurì affatto il Collegio dei Cardinali, poiché oltre a Cesare altri quattro membri del clan Borgia sfoggiavano la berretta rossa. Alessandro chiuse un occhio sulle imprese di Cesare, anche se era sinceramente addolorato per la perdita del suo primogenito, Juan.

Durante questo periodo il diavolo fece sentire la sua presenza, a volte in modo visibile, a Roma, e la popolazione non aveva alcun dubbio che la feccia della malvagità fosse stata smossa dalle azioni del Vaticano. Ad esempio, nella vigilia di Ognissanti del 1501 vi fu rappresentato un balletto in cui tutte le cinquanta ballerine erano prostitute raccolte per le strade di Roma.

Uno di coloro che giunsero alla conclusione che i Borgia erano rimasti al potere troppo a lungo era il cardinale Castellisi di Corneto. Egli invitò padre e figlio a un banchetto e preparò una dose della sua miscela che avrebbe garantito la loro eliminazione definitiva da Roma.

I due accettarono l'invito, ma Alexander aveva deciso che Castellisi era un fastidio e si presentò con del vino che si era dimostrato molto efficace in passato.

Non erano tempi in cui si preparavano cocktail, ma i vini si mescolarono in qualche modo mentre erano seduti a tavola, con il risultato che Alessandro e Cesare bevvero una dose della loro stessa preparazione. Tra gemiti e contorsioni, la festa si concluse frettolosamente. Cesare si riprese, ma Alessandro morì, debitamente fortificato dai sacramenti della Chiesa.

Causa della morte: malaria.

Sua Eminenza di Corneto probabilmente se la rise sotto i baffi. Cesare in parte riparò alla sua vita malvagia morendo in battaglia. Lucrezia fu caricaturizzata in un romanzo di Victor Hugo e il suo nome fu dato al ruolo principale in un'opera di Donizetti. Un apologeta di Alessandro non potrebbe dire altro se non che durante il suo regno la Groenlandia accettò il Vangelo.

2.

Secondo una ricetta tramandata e giunta nelle mani di Garelli, medico dell'imperatore asburgico Carlo VI (1685-1740), i Borgia ottenevano il loro veleno uccidendo prima un maiale, cospargendo i suoi organi addominali con acido arsenico e aspettando che iniziasse la putrefazione.

Questa materia contaminata, una volta introdotta nei liquidi, diventava un veleno attivo, mortale e, nella maggior parte dei casi, quasi istantaneo.

Alla corte di Alessandro VI furono prese grandi precauzioni per impedire che ciò venisse messo per iscritto; e alcuni degli altri metodi utilizzati per somministrare il veleno erano a dir poco ingegnosi. Una persona che tagliava la frutta poteva morire toccando il bordo di un coltello che era stato sfiorato dal preparato; mentre l'effetto di girare una chiave per aprire una porta o una scatola poteva causare un minuscolo graffio della pelle attraverso il quale una goccia fatale entrava impercettibilmente nel flusso sanguigno.

Altri tossicologi affermano che esisteva un altro veleno dei Borgia, una miscela complessa costituita da una polvere granulosa e biancastra simile allo zucchero. Era conosciuta come canterella o cantoreli.

Parte Tredicesima

Chi decide quando i medici non sono d'accordo?

Alexander Pope.

La figura di Giovanni Paolo I, successore di Paolo VI, aggiunge un altro elemento, uno dei più profondi, a una situazione già affollata di problemi. Creato vescovo da Giovanni XXIII e cardinale da Paolo VI (i papi che, tra loro, hanno creato e attuato la rivoluzione), la sua ascesa al trono papale dopo essere stato Albino Luciano, cardinale patriarca di Venezia, è stata quasi un fulmine a ciel sereno ecclesiastico.

Di umili origini, era cresciuto in una famiglia in cui le opinioni erano naturalmente plasmate e dominate da quelle del padre, un convinto uomo di sinistra; aveva circa sessantacinque anni quando, il 26 agosto 1978, uscì dal conclave in cui era stato eletto con una rapidità senza precedenti, dopo quattro votazioni che nel primo giorno erano durate solo otto ore e quarantacinque minuti.

Un osservatore attento alla situazione in Vaticano avrebbe potuto notare che si stava preparando il terreno per un altro dramma rinascimentale. E un evento del genere era effettivamente prefigurato dagli enigmi che questo Papa (apparentemente) per nulla insolito presentava.

Attorno a lui si formarono due scuole di pensiero, in nessuna delle quali la sua voce era stata finora sentita in modo definitivo. Una sosteneva che fosse deciso a portare avanti i cambiamenti avviati dai suoi due predecessori che fosse favorevole agli elementi modernisti o progressisti e alle loro riforme.

A sostegno di questa tesi si aggiunse il fatto che egli rifiutò il titolo di Sommo Pontefice e preferì essere insediato piuttosto che incoronato. Durante la Messa inaugurale, sul tavolo che fungeva da altare non c'era alcun crocifisso. Tutto era improntato alla semplicità, e coloro che facevano eco all'ideologia di Paolo VI cominciarono presto a sostenere che il nuovo Papa era "il loro uomo", soprattutto quando si seppe che si era opposto all'insegnamento della Chiesa che proibiva la contraccezione.

D'altra parte, si diceva che egli contemplasse l'annullamento di alcune delle innovazioni avviate dal Concilio Vaticano II, che deplorasse il cosiddetto movimento "ascendente" che minacciava la Chiesa, e coloro che, all'interno del conservatorismo, cercavano un'approvazione del loro punto di vista furono incoraggiati quando giunse il momento di nominare nuovi vescovi per le sedi vacanti e, più in particolare, uno per il suo vecchio Patriarcato di Venezia.

In questo era contrastato dal cardinale Baggio (noto alle società segrete come Ceba), il cui candidato era un certo monsignor Ce, noto per essere radicale. Ma Giovanni Paolo II rifiutò di procedere alla nomina, dando così sostegno a coloro che volevano credere che fosse in conflitto con l'eresia.

La loro soddisfazione, tuttavia, fu di breve durata, come dimostrò un episodio in cui fu chiamato a rivolgersi a un gruppo di studenti e insegnanti. Dopo aver guidato la recita dell'Angelus, non appena terminò l'ultima "Ave Maria", iniziò a cantare le lodi di colui che esaltava come "un classico esempio di abnegazione e dedizione all'istruzione".

Non si trattava, come ci si sarebbe potuto aspettare, di un santo, né tantomeno di un semplice membro della Chiesa, ma di Giosue Carducci (1835-1907), che era stato professore all'Università di Bologna e il cui nome, in quanto adoratore dichiarato di Satana, era molto rispettato negli ambienti occulti.

La sua poesia *Inno a Satana*, in quaranta strofe, conteneva versi come i seguenti:

"Gloria a te, magnanimo Ribelle!
Sulla tua fronte sorgeranno, come boschi di alloro,

le foreste dell'Aspromonte.
Bevo al giorno felice che vedrà la fine
Di Roma l'eterna.

Alla Libertà che, vendicando il pensiero umano,
Rovescia il falso trono del successore di Pietro;
Nella polvere con corone e ghirlande!
Giaccete in frantumi, Signore ingiusto![26]

In brani più brevi, Carducci chiedeva perdono a Satana, o allo spirito del male, che chiamava Agramainio, per le menzogne e le calunnie che gli venivano attribuite sulla terra. Le glorificazioni dell'occultismo e della messa nera, e di Satana come simbolo della rivolta contro la Chiesa, antitesi della religione, si mescolano alle bestemmie. Satana viene ringraziato per la sua gentilezza, mentre nell'*Ode alla città di Ferrara* Carducci maledice la "crudele vecchia lupa del Vaticano".

Carducci divenne il centro di un culto e ricevette dai suoi seguaci la stessa venerazione che lui riservava a Satana. Si tenevano processioni precedute da uno stendardo su cui era raffigurato Satana in tutto il suo splendore con corna, coda e zoccoli, e durante le quali veniva cantata una parodia della Litania, che includeva il verso "Gloria in profundis Satanae". Gli ultimi otto versi dell'inno di questo "cantore di Satana" entrarono nel repertorio delle canzoni che risuonavano nelle riunioni delle società segrete italiane.

Tuttavia, l'ammirazione di Papa Giovanni Paolo II per quest'uomo, il fatto che lo ponesse come esempio da seguire per gli insegnanti e le giovani generazioni, era solo uno dei misteri legati al suo regno.

---

[26] Joseph Leti. *Charbonnerie et Maçonnerie dans le Réveil national italien.* Tradotto da L. Lachet. (Parigi. Ed. polyglotte, 1925.) Citato da Alec Mellor in *Our Separated Brethren.* (Harrap, 1964.)

2.

Nel corso dei secoli Roma, insistendo sulla sua unicità storica, era rimasta ostinatamente distante dai negoziati con le altre Chiese, protestanti o ortodosse. Ma il Concilio Vaticano II aveva aperto le porte, consentendo ai rappresentanti di quelle Chiese di scambiarsi opinioni e discutere le possibilità di unità.

Uno di questi visitatori a Roma era il metropolita russo monsignor Nikodim, arcivescovo ortodosso di Leningrado. Nato nel 1930 e diventato il più giovane vescovo di qualsiasi credo cristiano, era noto per le sue simpatie filosovietiche e antioccidentali. Nel 1961 guidò una delegazione di ecclesiastici ortodossi al Consiglio ecumenico delle Chiese. Fu insignito della medaglia delle Nazioni Unite per la pace e divenne capo del Dipartimento per le relazioni esterne del Patriarcato di Mosca; dopo aver partecipato all'insediamento di Giovanni Paolo I, fu ricevuto in udienza dal Papa il 5 settembre.

L'incontro ebbe luogo nello studio adiacente alla biblioteca privata del Papa e le parole di apertura, riportate probabilmente da padre Arrupe, superiore generale dei gesuiti, o dal cardinale liberale Willebrands (che fece da ospite a Nikodim), furono queste: "Benvenuto, caro fratello", disse il Papa, avvicinandosi dal grande tavolo di quercia al quale stava lavorando, "così vicino a noi eppure così lontano. Cosa scopriremo di noi stessi? Quando saremo tutti, cattolici e ortodossi, figli della stessa Chiesa?".

Nikodim rispose con lo stesso spirito: "Vorrei che fosse durante il vostro regno che una cosa del genere potesse accadere".

Il Papa chiese notizie sulla situazione religiosa in Russia. "Padre Arrupe mi dice che lei è molto fiducioso per il futuro della Chiesa nel suo Paese".

Nikodim rimase in silenzio per un po'. Chi lo aveva incontrato poteva immaginare come, quando faceva una pausa prima di rispondere, i suoi occhi fossero poco più che due fessure sotto le sopracciglia folte. "Santissimo Padre, sarò franco con voi", disse alla fine. "In Russia pensano molto male di me. Dicono che collaboro con le autorità statali e che servo loro piuttosto che Dio. Eppure sono un fedele servitore di Dio".

Quella breve confessione gli fece arrossire le guance. Respirava rapidamente, in preda a una forte emozione.

Giovanni Paolo chiese con calma: "Cosa vuoi che faccia?"

Quando riuscì a parlare di nuovo, Nikodim continuò: "Santissimo Padre, come possiamo lavorare insieme se la Russia continua a pensare che la Chiesa ortodossa faccia parte del sistema comunista? Un giorno sarò schiacciato" — , disse allargando le braccia "e la Chiesa ortodossa russa finirà. Dovete arrivare a un accordo e negoziare con loro come vi chiedono".

Era quello lo scopo della visita di Nikodim? Non lo sapremo mai, perché ormai le sue condizioni fisiche erano davvero allarmanti. Teneva una mano premuta sul fianco sinistro, come se, secondo quanto riferito in seguito (forse dallo stesso Giovanni Paolo II), volesse strapparsi il cuore e gettarlo ai piedi del Papa. Cercò di parlare, ma non ci riuscì. La bocca era contorta e si vedevano solo il bianco degli occhi.

Il Papa lo afferrò e lo sostenne in parte. "Pietà, sta male", esclamò rivolgendosi a Willebrands, che era ancora a portata di voce. "Presto, Eminenza, chiamate il dottor Fontana", il medico personale del Papa.

Il Papa fece il possibile per confortare Nikodim sul pavimento dello studio. Poi aprì la finestra. Quando il medico arrivò, il russo era morto.

In seguito si scoprì che a Nikodim era stato negato il permesso di entrare in Francia mentre era in viaggio verso Roma e che era riuscito a farlo solo grazie all'intervento di alcuni vescovi francesi.

Poi, quasi a giustificare la loro opposizione, il Ministero degli Esteri francese rese noto che Nikodim era un agente accreditato della polizia segreta sovietica.

3.

Giovedì 28 settembre 1978 era stata una giornata normale in Vaticano.

Il Papa, dopo aver lavorato nel suo ufficio, aveva ricevuto in udienza privata alcuni membri della gerarchia ecclesiastica e poi un gruppo di prelati delle Filippine, ai quali, in quanto rappresentanti della regione più cattolica del sud-est asiatico, aveva rivolto un saluto speciale.

Dopo il pranzo e la consueta siesta, seguirono altri impegni e discussioni con diversi cardinali. Le preghiere serali nella sua cappella privata furono seguite dai saluti generali al personale, dopodiché il Papa si ritirò nella sua camera al terzo piano del Palazzo Apostolico.

Il venerdì è sorto come un tipico giorno di fine settembre, con le file di finestre del Palazzo che prendevano forma nella luce grigia e opaca e i primi rumori che provenivano, non dagli uccelli dei Giardini Vaticani, ma dalla piccola stanza dove Suor Vicenza, una suora al servizio dei Papi da dieci anni, stava preparando il caffè. I suoi tempi, i suoi movimenti e i dettagli del suo lavoro avevano una precisione quasi militare.

Erano le cinque in punto. Dieci minuti dopo avrebbe portato la tazza di caffè, sempre molto forte, nella sacrestia adiacente alla cappella dove il Papa si inginocchiava in meditazione prima di celebrare la messa alle cinque e mezza. Fu quindi sorpresa quando, non sentendo alcun rumore, andò nella sacrestia e scoprì che il caffè, ormai freddo nella tazza, non era stato toccato.

Uno dei segretari papali, Don Diego, la raggiunse; e quando furono le cinque e venti, e il Papa non era ancora apparso, andarono alla porta della sua camera da letto. Lì il segretario bussò, più di una volta, e non avendo ricevuto risposta aprì la porta.

Il Papa giaceva sul letto, completamente vestito, e chiaramente morto. Sul comodino c'era una lampada ancora accesa e una sveglia economica che aveva portato da Venezia. Nel corridoio c'era una luce rossa che proveniva da un campanello elettrico. Era stata collocata lì come allarme, per chiamare aiuto, e il suo bagliore significava che tale segnale era stato dato dal Papa che, come Diego vide a colpo d'occhio, era morto da solo senza che nessuno avesse risposto alla sua chiamata. Aveva indossato l'anello del pescatore per soli trentatré giorni.

L'altro segretario del Papa, padre John Magee, fu il secondo ad arrivare sulla scena e, mentre la notizia si diffondeva, il cardinale Confaloniere, decano della Congregazione dei Cardinali, giunto al capezzale, pronunciò quella che in seguito fu accettata come la versione ufficiale della tragedia.

La descrizione che ne seguì poteva riferirsi al letto di morte di qualsiasi uomo di eccezionale religiosità. Il Papa era sul letto, sostenuto da cuscini, con la testa leggermente girata verso destra e inclinata in avanti sul petto. Aveva gli occhi aperti. L'impressione prevalente era di calma e serenità, senza alcun segno di dolore. Nulla smentiva il soprannome di "Papa sorridente" che gli era stato dato durante il suo breve soggiorno a Roma. In una mano teneva alcuni fogli con appunti per un discorso che intendeva pronunciare il giorno seguente. Sul pavimento c'era una copia dell'*Imitazione di Cristo* di Tommaso da Kempis. [*L'autore ripete qui la versione edulcorata fornita dal Vaticano e contestata da David Yallop nel suo libro "In nome di Dio"*].

Nel panico e nello stupore che seguirono, Don Diego, che ci si sarebbe aspettati si unisse agli altri, era impegnato in una conversazione telefonica concitata. In seguito si seppe che aveva chiamato il dottor Antonio da Ros, pregandolo di recarsi immediatamente in Vaticano per effettuare un esame esterno di Giovanni Paolo II, che conosceva e curava da circa vent'anni: un gesto straordinario per un segretario che agiva di propria iniziativa, circondato da un gruppo di influenti prelati; e doppiamente sorprendente dato che il dottor da Ros non era a Roma, ma a Venezia.

La notizia fu diffusa dalla Radio Vaticana alle sette e trentuno, e alla Radio Italiana l'annunciatore del mattino interruppe l'ultimo atto terroristico delle Brigate Rosse per dire: "Interrompiamo questo programma per darvi una notizia grave...".

Il rintocco delle campane in tutta la città e l'ammainamento della bandiera gialla e bianca della Città del Vaticano diedero il via alla notizia; e lontano, a Cracovia, quando la notizia giunse nel vecchio edificio che ospitava la Curia della cattedrale, un uomo che era seduto a fare colazione si alzò improvvisamente e si ritirò nella cappella privata. Coloro che lo videro in quel momento ricordarono come Karol Wojtyla, questo era il suo nome, fosse pallido come un morto e tremante, come se una missione gravosa, la cui importanza gli era stata rivelata da un consiglio segreto in un passato non troppo lontano, fosse sul punto di compiersi.

Chi ha vissuto quei momenti non esita a dire che da allora nel Vaticano si diffuse un'atmosfera fino ad allora sconosciuta. Gli uomini cominciarono quasi a interrogarsi a vicenda, come facevano con gli altri. Piccoli gruppi si riunivano e parlavano senza entusiasmo. Erano sotto una pressione indefinibile che nessuno di loro era in grado di allontanare. Gran parte delle conversazioni, in tempi normali, erano molto allusive, spingendo a cercare nelle proprie conoscenze classiche, storiche o letterarie una ragione o una risposta.

Ora quell'impressione era accentuata, come quando i cardinali Poletti e Baggio si trovarono faccia a faccia, entrambi consapevoli di una questione e entrambi ugualmente nervosi che l'altro potesse risolverla. Uno di loro si rifugiò nel ricordare le parole di Antonio Fogazzaro, lo scrittore anticlericale.

"Eminenza", disse uno, "voi deridete chiunque tenga la bocca chiusa. Temete il suo silenzio!". Un sacerdote meno esperto si avvicinò per riassumere la situazione con un linguaggio più pittoresco. "Gli armadi del Vaticano sono pieni di scheletri. Le loro ossa cominciano a tintinnare".

"E anche se fosse?", disse un altro ecclesiastico. "Sono stati messi lì durante le grandi eresie del Medioevo dell'. Ora quelle eresie sono tornate".

Voci, mistero, imbarazzo, perplessità... Fu quasi un sollievo quando si udirono dei rumori nel corridoio che conduceva alla camera da letto del Papa. Le guardie svizzere, al termine del loro turno di quattro ore, stavano uscendo e attorno al letto veniva eretta un'alta parete divisoria provvisoria. Allo stesso tempo, tutte le uscite e gli ingressi di quella parte dell'edificio venivano sigillati.

In breve tempo arrivarono il fratello e la sorella del Papa defunto, Eduardo e Amelia Luciani, e una nipote, Pia. Erano persone semplici e modeste, che alcuni a Roma avrebbero considerato dei rudi figli e figlie delle montagne (provenivano dalle Dolomiti) e non del tipo che impressiona, nonostante la loro vicinanza al Papa defunto, un cardinale come Villot che, ora responsabile degli affari vaticani e mondano in una certa misura, nascondeva un carattere di ferro sotto una cortesia francese più che usuale.

Preoccupati dalla morte improvvisa e inaspettata del fratello, si dichiararono d'accordo con la maggior parte dei medici sulla necessità di un'autopsia per chiarire la questione e dissipare ogni dubbio residuo.

Il professor Prati, consulente dell'unità cardiaca dell'ospedale San Camillo, affermò che l'autopsia non solo era auspicabile, ma necessaria. Il professor Alcona, primario del reparto di neurologia del Policlinico dell'Università Cattolica di Roma, espresse un parere ancora più categorico, sostenendo che era *dovere* della Santa Sede ordinare un'autopsia. Lo stesso tema fu ripreso con maggiore forza dopo i funerali del Papa, quando un altro specialista, il professor Fontana, affermò: "Se dovessi certificare, nelle stesse circostanze, la morte di un cittadino comune e insignificante, mi rifiuterei semplicemente di autorizzarne la sepoltura".

Molte pubblicazioni insistettero ugualmente sulla necessità di un'autopsia, tra cui il gruppo conservatore Civilta *Cristiana*, sotto la direzione di Franco Antico, e l'influente *Corriere della*

Sera di Milano. I loro dubbi erano supportati dal modo in cui gli specialisti che avevano esaminato il corpo del Papa si contraddicevano a vicenda. Il dottor Buzzonetti, il primo medico giunto sul posto, affermò che il Papa aveva subito una trombosi coronarica acuta. Un altro attribuì la causa al cancro, mentre un terzo disse che il Papa aveva avuto un attacco apoplettico e causato da un tumore al cervello. Il dottor Rulli dell'ospedale San Camillo disse che si trattava di un'emorragia cerebrale.

L'ipotesi di problemi cardiaci è stata scartata da Edouardo e Amelia Luciani, mentre monsignor Senigallia ha affermato che Giovanni Paolo II, su suo consiglio, si era sottoposto a un elettrocardiogramma della durata di venti minuti che non aveva rivelato alcuna irregolarità.

Gli investigatori ufficiali adottarono allora una nuova linea per uscire da una situazione imbarazzante. Annunciarono improvvisamente che il Papa era stato fin dall'inizio una persona molto malata, che era stato battezzato subito dopo la nascita poiché non si pensava che sarebbe sopravvissuto alla giornata, che era stato ricoverato otto volte in ospedale, due volte in un sanatorio e aveva subito quattro operazioni. Tra i suoi disturbi figuravano anche appendicite, problemi cardiaci e sinusiti, con gonfiore alle mani e ai piedi. Le sue unghie erano diventate nere, era riuscito a sopravvivere con un solo polmone e si parlava anche di embolia o coagulo di sangue.

Se questo riassunto dei suoi disturbi fosse stato vero (e lui era stato sottoposto alle consuete visite mediche prima del conclave), non sarebbe stato eletto. Nel giro di poche ore, una volta superato lo shock iniziale, si scatenò una vera e propria campagna di sospetti, dalla quale solo Villot e pochi suoi stretti collaboratori si tennero fuori. Si parlava di una dose più che medicinale di digitale, della rara malvagità necessaria per introdurre del veleno nel vino usato per la messa e dei modi discreti con cui si poteva aiutare un uomo a morire.

Ma a parte questi rischi, con termini come omicidio, assassinio e veleno che cominciavano a circolare, c'erano alcune domande senza risposta che minacciavano, come disse un prelato, di scuotere le fondamenta stesse del Vaticano.

Il primo a guardare il volto del Papa defunto fu Don Diego, un segretario. Deve aver visto qualcosa che lo ha profondamente allarmato o sciocccato, poiché si è precipitato al telefono per chiamare il dottor da Ros, un medico più intimo di Giovanni Paolo II rispetto a qualsiasi altro medico del Vaticano, nonostante i quattordici specialisti di spicco dell' fossero prontamente disponibili, mentre da Ros si trovava a trecento miglia di distanza.

Inoltre, a Don Diego non fu mai chiesto di rendere conto del suo gesto, o almeno non in modo tale da essere oggetto di alcuna indagine nota. E lui, che di solito era loquace, divenne riservato e non riuscì mai a spiegare perché, con una situazione così minacciosa, si fosse precipitato al telefono per fare una chiamata interurbana.

Cosa aveva visto? Era stata l'espressione sul volto di Giovanni Paolo II? Secondo l'ottantenne decano della Congregazione dei Cardinali, Confalonieri, il defunto appariva sereno, disteso, tranquillo, con un accenno di sorriso. Ma un giovane ecclesiastico, recentemente accreditato in Vaticano, che si era fatto avanti con l'entusiasmo e l'ardore di un novellino desideroso di familiarizzarsi con gli affari della Curia, vide un volto molto diverso da quello descritto ufficialmente.

Era deformato da un'espressione di sofferenza pronunciata, mentre la bocca, invece di presagire un sorriso, era spalancata. Che quest'ultima versione fosse vera fu confermato dall'arrivo degli imbalsamatori, i quattro fratelli Signoracci dell'Istituto Medico.

I loro sforzi congiunti e altamente qualificati, protratti per due ore solo sul volto e con l'ausilio di cosmetici, non riuscirono a superare, né tantomeno a rimuovere, l'espressione di orrore che il Papa defunto portava con sé nella tomba.

Ma l'ostacolo più grande, che impediva una spiegazione plausibile, era la luce rossa nel corridoio. Era controllata da un campanello elettrico sul comodino del Papa ed era un segnale che significava che stava chiamando aiuto. Quel segnale era stato sicuramente dato. La luce rossa si era accesa. Ma nessuno aveva risposto. Né le guardie, né il personale, i segretari, gli impiegati, l'infermiera, l'autista, che si trovavano nell'ala annessa; né le sette suore dell'Ordine di Marie-Enfant che, essendo responsabili della vita domestica del Papa, si trovavano al piano superiore.

Cosa stavano facendo tutti in quel momento? Quale compito più importante del benessere del Papa, della sua stessa sicurezza, li aveva tenuti impegnati in modo così e? La polizia che pattugliava Piazza San Pietro per tutta la notte deve aver istintivamente dato più di un'occhiata alle tende leggermente socchiuse della camera da letto del Papa. Il bagliore rosso potrebbe essere apparso tra di esse. Ma era davvero visibile per tutta la notte, o era stato manomesso in modo da diventare visibile solo alle prime luci dell'alba?

Non ci fu alcuna indagine in tal senso. Quelle domande rimasero senza risposta. Il Papa era morto. Ma un'autopsia, richiesta dalla maggior parte dei medici del Papa e dai suoi parenti, e appoggiata da una stampa influente, avrebbe chiarito ogni dubbio e determinato la causa della morte.

Ma anche in questo caso intervenne la figura imponente di Villot. Dichiarò che l'autopsia era fuori discussione e la sua motivazione lasciò i medici ancora più perplessi di prima.

Il corpo era stato trovato alle cinque e mezza del mattino. Il tempo, che normalmente è così regolare e metodico in Vaticano, aveva fatto un sorprendente balzo in avanti. Gli imbalsamatori, con una fretta del tutto inutile e senza precedenti, erano stati immediatamente convocati e il loro lavoro era stato completato alle nove e mezza.

"Ma gli intestini?", chiese uno dei medici, che aveva deciso di rimuoverli per effettuare dei test alla ricerca di tracce di veleno. La risposta di Villot fu ancora una volta decisiva. Erano stati bruciati.

Uno dei commenti più salienti su questo strano caso venne, sorprendentemente, *dall'Osservatore Romano,* che si chiedeva se la morte di Giovanni Paolo II potesse in qualche modo essere collegata all'omelia che aveva pronunciato a favore del satanista e adoratore del diavolo Carducci. Ma solo i cattolici in Germania lo lessero, perché fu cancellato da tutte le copie del giornale distribuite altrove. Si cercò addirittura di sopprimere l'edizione tedesca, ma era troppo tardi.

Una conferenza stampa poco convincente, alla quale Villot non poté opporsi, anche se il suo evidente disappunto ebbe quasi l'effetto di un divieto positivo (soprattutto quando uno dei presenti espresse il rammarico diffuso per il mancato svolgimento dell'autopsia), non portò a nulla. Villot rimandò gli oppositori al verdetto finale dato da un padre, Romeo Panciroli, il quale, dopo aver effettuato tutti i controlli possibili sul corpo martoriato e svuotato, fu "lieto di riferire che tutto era in ordine".

Nel frattempo, un medico, Gerin, che rifiutava la possibilità che la morte del Papa fosse stata naturale, pronunciò apertamente la parola "veleno"; e un vescovo (di cui bisogna rispettare il desiderio di rimanere anonimo) decise di riuscire dove medici, professori e giornalisti avevano fallito. Avrebbe penetrato il velo di silenzio e segretezza e stabilito la verità, qualunque fosse la sua importanza o le sue conseguenze.

Lavorò duramente e a lungo; intervistò innumerevoli persone; indagò in ogni dipartimento, salì scale e attraversò passaggi tortuosi nel Vaticano. Poi, per un certo periodo, scomparve dalla scena; e coloro che lo incontrarono in seguito lo trovarono non solo cambiato, come può accadere dopo pochi mesi, ma in tutti i sensi un uomo completamente diverso.

I romani incalliti e i realisti, che non si aspettavano altro, si limitarono a scrollare le spalle. La cupola di San Pietro non è un guscio d'uovo che si può rompere. Era solo un altro sciocco che si era spezzato il cuore contro di essa.

Il cardinale Villot, consapevole del crescente malcontento nella Chiesa, promise di rilasciare una dichiarazione sui recenti avvenimenti in Vaticano prima della convocazione del prossimo conclave. Non lo fece mai, ma rimase un uomo misterioso fino alla fine, senza lasciare alcuna prova di quanto sapesse (c'erano molti sospetti che compensavano ampiamente l'assenza di certezze) o di quanto fosse responsabile. La causa della morte di Villot, avvenuta il 9 marzo 1979, suscitò la stessa confusione che aveva circondato la scomparsa di Giovanni Paolo I. Secondo un primo comunicato, il cardinale era morto di bronchite-polmonite. Un secondo verdetto parlava di problemi renali, un terzo di epatite, mentre un altro ancora attribuiva la causa a un'emorragia interna.

Sembra che i migliori specialisti cattolici, quando chiamati al capezzale dei loro pazienti più eminenti, si rivelino diagnostici molto indifferenti.

4.

Pioveva. Dai loro posti sulla colonnata sopra la piazza, Simon Pietro e i suoi compagni santi guardavano giù verso una foresta di ombrelli. Il Papa defunto, vestito con paramenti rossi, bianchi e dorati e con una mitria d'oro sul capo, era stato portato dalla Sala Clementina del Palazzo Apostolico alla piazza dove, in una semplice bara di cipresso, il corpo riposava su un drappo rosso bordato di ermellino, per la celebrazione di una messa all'aperto. La fiamma di un unico alto cero, posto vicino alla bara, tremolava qua e là nel vento e nella pioggerella, ma senza mai spegnersi. Un monsignore, con la mente appesantita da una certezza che cresceva rapidamente, guardò le teste per lo più avvolte in scialli e i volti bianchi, e pensò al terribile sospetto che tremava sulle labbra di tutti.

"È troppo", fu tutto ciò che riuscì a mormorare tra sé e sé. "È troppo".

Un freddo crepuscolo di ottobre, squarciato dai puntini luminosi della città, stava calando mentre il corteo entrava nella basilica dove, nella cripta, le generazioni future verranno a contemplare una tomba recante la semplice iscrizione JOHANNES PAULUS 1. E alcuni, nonostante l'ottusità del tempo, forse si chiederanno.

Parte quattordicesima

> *La fede nell'innocenza dei governanti dipende dall'ignoranza dei governati.*
>
> Hugh Ross Williamson.

Il mondo cattolico in generale si era appena ripreso dallo shock della morte improvvisa e inaspettata di Giovanni Paolo II, quando un altro evento distolse l'attenzione dalla *Sedis vacantia* (vacanza della Sede Apostolica) al pennacchio di fumo bianco che, il 16 ottobre 1978, uscì dal piccolo comignolo della Cappella Sistina, e all'annuncio che seguì: "Abbiamo un nuovo Papa".

L'entusiasmo fu più forte del solito e alcuni osservatori più esperti notarono che gran parte di esso proveniva dagli stessi ambienti che avevano acclamato Giovanni XXIII, da coloro che avevano salutato i cambiamenti (o i disastri, secondo molti) derivati dal suo pontificato come segni tanto attesi e graditi che la Chiesa si stava liberando dalle sue catene arcaiche.

Il nuovo Pontefice era Karol Wojtyla, che ricevette un'accoglienza quasi da eroe perché era polacco, proveniva dalla cortina di ferro, dove la religione, soprattutto quella cristiana, aveva dovuto subire dure prove e dove ora, sebbene l'era dei colpi e degli scherni fosse in qualche modo attenuata, era ancora oggetto di un'accettazione prevalentemente diffidente e limitata. Wojtyla era, tra l'altro, il primo non italiano ad essere eletto Papa dal 1522.

Un giornalista americano di lunga data, che aveva il nome non inappropriato di Avro Manhattan, che conosceva il Vaticano più intimamente della Casa Bianca ed era esperto di tergiversazioni russe, aveva scritto in precedenza: "La percentuale di cardinali radicali e di futuri membri del Sacro Collegio, le cui tendenze politiche vanno dal rosa chiaro al rosso scarlatto, è in aumento e continuerà a crescere. Il risultato inevitabile sarà che, grazie al numero maggiore di ecclesiastici di sinistra, l'elezione di un Papa rosso sta diventando più probabile.[27]

Un tale Pontefice era forse arrivato nella persona di Karol Wojtyla?

Considerando le tensioni tra i paesi occidentali e quelli dietro la cortina di ferro, la politica ufficialmente irreligiosa di questi ultimi e l'emergere di Giovanni Paolo II come nuovo Papa eletto, si ponevano una serie di domande che richiedevano una risposta. La sua formazione e il suo sviluppo ortodossi, la sua ordinazione sacerdotale e la sua ascesa ad arcivescovo e poi a cardinale erano proceduti normalmente.

Molte centinaia dei suoi correligionari in Polonia durante i trent'anni di dominio comunista avevano subito persecuzioni più o meno gravi, molti erano stati incarcerati, alcuni giustiziati. Eppure non vi è alcuna indicazione che Wojtyla abbia mai subito più delle normali prove che devono sopportare i dissidenti noti. Non era stato oggetto di proteste continue o minacciose e il suo rapporto con le autorità marxiste era stato lo stesso di qualsiasi cittadino comune che professava apertamente la propria fede.

Durante tutto questo periodo, in qualità di prelato, deve aver dovuto fornire non solo consigli religiosi, ma anche sociali e persino economici ai suoi fedeli, consigli che a volte devono essere stati in contrasto con il codice governativo. Eppure non fu mai messo a tacere, ma tollerato e persino privilegiato dalle autorità, mentre il suo superiore religioso, il cardinale Wyszynski, allora primate di Polonia, viveva sotto costante pressione.

---

[27] L'alleanza Vaticano-Mosca, 1977.

Un esempio calzante è stato il permesso di lasciare il Paese. Quando fu convocato il Sinodo dei Vescovi a Roma, entrambi i cardinali chiesero il visto di uscita. Il primate ricevette un secco rifiuto, ma a Wojtyla fu concesso il permesso come cosa ovvia.

Lo stesso favore gli fu riservato quando si trattò di partecipare al conclave in cui fu eletto, e coloro che erano rimasti sconcertati dalla prospettiva di un Papa di origine sovietica si sentirono presto giustificati.

Pierre Bourgreignon, scrivendo su *Didasco*, una pubblicazione francese apparsa a Bruxelles nell'aprile 1979, affermò: "Nessuno capace di un pensiero coerente potrà facilmente credere che un cardinale proveniente da dietro la cortina di ferro possa essere altro che una pedina comunista".

Un dubbio simile fu espresso in *The War is Now*, una pubblicazione australiana edita a nome della tradizione cattolica. Se Wojtyla, si chiedeva, è un vero cattolico polacco, "perché dei cardinali corretti, sensibili e prudenti, che hanno a cuore il bene della Chiesa, dovrebbero eleggere un bersaglio, un uomo la cui famiglia e il cui popolo sono ancora sotto tiro, un'intera nazione di ostaggi o martiri già pronti?".

L'abate di Nantes, leader della Controriforma cattolica del XX secolo, fu più esplicito: "Abbiamo un Papa comunista".

Era risaputo che, quando erano in Polonia, esistevano delle divergenze tra i due cardinali. Wyszynski non cedette mai di un millimetro nei rapporti con i controllori del suo Paese.

Wojtyla era favorevole a trovare un accordo e a continuare il "dialogo" con loro, sulla linea tracciata da Paolo VI; e ciò che era più evidente, Wojtyla, oltre a non condannare mai apertamente il marxismo ateo, ostacolava coloro che volevano adottare un atteggiamento più militante nei suoi confronti.

Qualcuno aveva notato che durante il conclave nella Cappella Sistina, in cui fu eletto, la solennità dell'occasione e il fatto di essere sovrastato dai giganteschi affreschi del Giudizio Universale di Michelangelo non impedirono a Wojtyla di leggere un libro che aveva ritenuto opportuno portare con sé per istruzione o forse per alleggerire un po' la gravità della scelta del Vicario di Cristo. Era un libro sui principi marxisti.

Coloro che lo guardavano con sospetto non furono rassicurati quando rifiutò il rituale dell'incoronazione e scelse di essere "insediato", e quando fece sapere che riposava più comodamente su una sedia normale che sul trono papale. Si chiedevano se le pratiche della Chiesa dovessero subire un'ulteriore riduzione dopo quelle già risultanti dal Concilio. I loro timori aumentarono quando egli mise da parte il mantello dell'autoritarismo con cui era stata finora investita la Chiesa, di cui era ora il capo. E ogni dubbio residuo svanì quando, nel suo discorso inaugurale, si impegnò a realizzare le ultime volontà e il testamento di Paolo VI, aderendo alle direttive di Papa Giovanni sulla collegialità e sulla liturgia della Nuova Messa - e questo, si noti, nonostante fosse certamente consapevole di tutte le oscenità che ne sarebbero seguite.

Nel fare quell'annuncio, Wojtyla stava in piedi davanti a un altare improvvisato che, come la bara di Paolo VI, era privo di qualsiasi segno religioso sotto forma di crocifisso o croce.

Altri indizi su ciò che ci si poteva aspettare dal nuovo Papa seguirono presto. Nella sua prima enciclica lodò Paolo VI per aver rivelato "il vero volto della Chiesa". Parlò in termini simili del Concilio Vaticano II, che aveva dato "maggiore visibilità al sacrificio eucaristico", e si impegnò a seguire e promuovere il rinnovamento della Chiesa "secondo lo spirito del Concilio".

Una dichiarazione successiva definì quel Concilio "il più grande evento ecclesiastico dell' e del nostro secolo"; ora restava da garantire l'accettazione e l'adempimento del Concilio Vaticano II in conformità con il suo contenuto autentico. In questo siamo guidati dalla fede... Noi crediamo che Cristo, attraverso lo Spirito Santo, era con i Padri conciliari, che la Chiesa contiene, nel suo magistero, ciò che "lo Spirito dice alla Chiesa, dicendolo allo stesso tempo in armonia con la tradizione e secondo le esigenze poste *dai segni dei tempi*" (il corsivo è mio).

La sua osservazione sull'armonia con la tradizione era in netto contrasto con la sua ammissione che "la liturgia della Messa è diversa da quella conosciuta prima del Concilio. Ma" (aggiungeva significativamente) "non intendiamo parlare di queste differenze". , era essenziale rinnovare la Chiesa, nella struttura e nella funzione, per adeguarla alle esigenze del mondo contemporaneo; e da questa ammissione Wojtyla non ha fatto che un passo per sottolineare i principi rivoluzionari del 1789, con la glorificazione dell'uomo, l'uomo liberato, come essere che basta a se stesso. L'uomo era l'unico idolo degno della venerazione di coloro che vivono sulla terra, la sua statura confermata e classificata dai Diritti dell'Uomo.

Da allora, quella fede terrena un po' confusa è stata l'ispirazione di ogni movimento di sinistra. Con un bel disprezzo per l'autorità della legge, in America si proclamava che "la libertà è il fondamento stesso dell'ordine politico". Mentre pochi anni fa François Mitterrand, il comunista che ora è presidente della Repubblica francese, affermava che "l'uomo è il futuro dell'uomo". Spetta quindi a Karol Wojtyla, come Giovanni Paolo II, consacrare questa credenza in un contesto religioso moderno, dichiarando che "l'uomo è la questione primaria della Chiesa", un annuncio papale perfettamente in linea con il principio marxista secondo cui "l'uomo è fine a se stesso e spiegazione di tutte le cose".

Il Papa passò poi dall'approvazione verbale a quella più attiva del sistema politico da cui era emerso. Parlando della Chiesa in Polonia, disse che il suo rapporto con il comunismo poteva essere uno degli elementi dell'ordine etico e internazionale in Europa e nel mondo moderno. Ha mantenuto un rapporto di amicizia con gli occupanti rossi del suo Paese e ha ritenuto possibile aprire una *distensione* spirituale con loro. A sostegno di ciò, il ministro comunista Jablonski, con un seguito di compagni numeroso quanto quello di qualsiasi potentato dell'Est, è stato ricevuto in Vaticano. Poi è arrivato il ministro sovietico Gromyko, al quale è stato concesso più tempo del previsto con Sua Santità.

Salutò i guerriglieri tra una battaglia e l'altra della loro "lotta per la libertà" in Africa e in Nicaragua. Il suo sostegno morale era con loro. Aprì la porta del suo studio al messicano José Alvarez, che aveva viaggiato in lungo e in largo per il Sud America invitando gli estremisti ad accendere le fiamme dell'anarchia. Nemmeno gli intimi del Papa sapevano cosa fosse passato tra loro. Fu l'oratore principale di un congresso latino- o americano a Panama City, dove il tema non era certamente religioso, dato che gli organizzatori erano il dittatore comunista, il generale Torrijos, e il marxista Sergio Mendez Areeo, di Cuernavaca.

Quando si è rivolto a un gruppo di rifugiati provenienti dal Vietnam, dal Laos e dalla Cambogia, l'atteggiamento tiepido del Papa è stato commentato da Robert Serrou, corrispondente di *Paris Match*. Il Papa, com'era naturale, aveva espresso compassione per il suo pubblico, ma perché, si chiedeva Serrou, non aveva fatto nemmeno un accenno al terrore rosso da cui erano fuggiti?

Alla luce di questa mancata condanna della tirannia, è degno di nota che una delle poche critiche espresse da Giovanni Paolo II sia stata rivolta proprio ai cattolici che deplorano il graduale smantellamento della Chiesa dopo il Concilio Vaticano II: "Coloro che rimangono attaccati ad aspetti secondari della Chiesa, che in passato erano più validi ma che ora sono stati superati, non possono essere considerati fedeli".

La sua ortodossia, quando si trattava dell'insegnamento del cattolicesimo e del suo rapporto con le altre religioni, è stata anche messa in discussione. È un luogo comune, ma non una sminuizione dell'Islam, sottolineare che la tradizione fatalistica araba, con la sua negazione della divinità di Cristo e della redenzione, è molto lontana dagli elementi essenziali della fede cristiana. Eppure il Papa ha detto a un pubblico di musulmani che il loro Corano e la Bibbia sono in sintonia. E in tono più informale, stava forse assecondando lo spirito meccanicistico dell'epoca quando ha detto a un gruppo di automobilisti di avere la stessa cura per le loro auto che per le loro anime? O è stato un lapsus che ha fatto precedere l'importanza attribuita alle auto a quella delle anime?

Una delle lettere del Papa, datata 15 settembre 1981, sul tema della proprietà privata e del capitalismo e, mostra una marcata contraddizione e un allontanamento dall'insegnamento della Chiesa. Nella lettera egli afferma infatti: "La tradizione cristiana non ha mai sostenuto il diritto alla proprietà privata come assoluto e intoccabile. Al contrario, ha sempre inteso il diritto come comune a tutti di usare i beni di tutto il creato".

Ciò è così palesemente falso e contrario a quanto affermato da tutti i papi da Leone XIII a Pio XII, che si è tentati di concordare con quei critici transatlantici dell'[28] o che definiscono senza mezzi termini Karol Wojtyla un bugiardo e che aggiungono l'esortazione: "Rompi, Charlie!".

Cito qui Leone XIII: "I socialisti cercano di distruggere la proprietà privata e sostengono che i beni individuali debbano diventare proprietà comune di tutti, amministrata dallo Stato o da enti municipali... Ciò è ingiusto, perché priverebbe il legittimo possessore, porterebbe lo Stato in una sfera che non gli appartiene e causerebbe una completa confusione nella comunità".

Leone continuava dicendo che l'uomo lavora per ottenere dei beni e per mantenerli come proprio possesso privato. "Ogni uomo ha infatti il diritto naturale di possedere dei beni propri. Questo è uno dei tratti distintivi che differenziano l'uomo dal mondo animale... L'autorità della legge divina aggiunge la sua sanzione, proibendoci con la massima severità persino di desiderare ciò che è altrui".

Da Pio XI: "La funzione primaria della proprietà privata è quella di consentire agli individui di provvedere alle proprie necessità e a quelle delle loro famiglie".

E da Pio XII: "La Chiesa aspira a realizzare che la proprietà privata diventi, secondo i disegni della sapienza divina e le leggi della natura, un elemento del sistema sociale, un incentivo necessario all'impresa umana e uno stimolo alla natura; tutto ciò a beneficio dei fini temporali e spirituali della vita e, di conseguenza, a beneficio della libertà e della dignità dell'uomo".

---

[28] Gli editori di Veritas, un bollettino ortodosso. Louisville, Kentucky, Stati Uniti.

E ancora dallo stesso Papa: "Solo la proprietà privata può dare al capofamiglia la sana libertà di cui ha bisogno e per adempiere ai doveri che gli sono stati assegnati dal Creatore per il benessere fisico, spirituale e religioso della sua famiglia".

Accanto a queste proclamazioni, la Chiesa ha lanciato ammonimenti contro il liberalismo, che sfocia nel capitalismo, e contro il marxismo, che predica l'abolizione della proprietà privata.

Pertanto, la dichiarazione di Giovanni Paolo II può essere considerata straordinaria rispetto a molte di quelle fatte dai suoi predecessori.

2.

Durante la sua giovinezza a Cracovia, sia come studente che come giovane sacerdote, Wojtyla acquisì un amore per il teatro che non lo abbandonò mai. Tutto iniziò quando entrò a far parte di un gruppo teatrale scolastico e, più tardi, durante la guerra, quando la Polonia era occupata, in quello che viene spesso definito un "teatro clandestino", il che significa che le prove e gli spettacoli si svolgevano in una stanza, a volte nella cucina di un appartamento, in segreto e a lume di candela.

"Fu in quel periodo", racconta uno dei suoi biografi,[29] , "che si affezionò sentimentalmente a una giovane donna"; da allora lei lo seguì come un'ombra, attraverso voci, articoli di giornale e conversazioni tra esuli polacchi su entrambe le sponde dell'Atlantico.

A volte i dettagli differivano. La versione più improbabile, probabilmente diffusa per suscitare compassione, era che lei lavorasse contro i tedeschi, fosse stata scoperta e fucilata. Un'altra versione indica il 1940 come l'anno di massimo splendore del loro legame. Secondo Blazynski, nato in Polonia, il futuro Papa era popolare tra le ragazze e "aveva una ragazza fissa".

Il suo amore per lo spettacolo si estendeva al cinema e a spettacoli superficiali e pseudo-religiosi come Jesus *Christ Superstar*. Dopo una rappresentazione di quest'ultimo, parlò per venti minuti al pubblico sul tema dell'amore e della gioia. Incoraggiò gli adolescenti a urlare e a strimpellare senza senso le

---

[29] George Blazynski in John Paul II (Weidenfeld and Nicolson, 1979). Alcuni degli episodi qui riportati sono tratti da quel libro.

chitarre che, in nome dell'accompagnamento popolare, rendono oggi insopportabili per molti le messe dell'. Nello stesso spirito, invitò il famoso evangelista americano Billy Graham a tenere uno dei suoi sermoni infuocati nella chiesa di Sant'Anna a Cracovia.

Uno dei temi discussi dalla cerchia in cui gravitava era un libro dello scrittore Zegadlowicz, che era stato disapprovato dalla Chiesa per la sua ossessione per il sesso; mentre un primo scritto di Wojtyla (tradotto da Boleslaw Taborski e citato da Blazynski) contiene frasi come "L'amore travolge le persone come un assoluto... A volte l'esistenza umana sembra troppo breve per l'amore".

Lo stesso tema ricorre nel libro di Wojtyla *Amore e responsabilità*, del 1960, che, secondo Blazynski, "non ignora la realtà corporea dell'uomo e della donna e descrive in modo molto dettagliato sia la fisiologia che la psicologia del sesso (quest'ultima spesso con una grande intuizione che potrebbe sembrare sorprendente in uno che è, dopotutto, un ecclesiastico celibe)".

Anche quando Wojtyla divenne Papa, il fantasma della donna misteriosa che aveva tormentato i suoi anni da studente non scomparve. Tra gli esuli polacchi c'è chi sostiene di averla conosciuta, e una delle voci più insistenti è che il suo nome fosse Edwige.

Ma comunque sia, nemmeno i difensori di Wojtyla possono negare che egli abbia mostrato più interesse per la sessualità umana di qualsiasi altro Papa dal Medioevo. Molti ascoltatori di un discorso tenuto a Roma rimasero piuttosto imbarazzati quando egli si lanciò in dettagli sulla lussuria e la nudità del corpo.

Alcune delle sue stesse dichiarazioni hanno dato ampio spazio ai pubblicitari per ingigantirle.

"Giovani della Francia", gridò a un pubblico tutt'altro che maturo a Parigi, "l'unione carnale è sempre stato il linguaggio più forte che due persone possano dirsi". Queste parole sono state definite tra le più sbalorditive mai pronunciate da un Papa.

Durante la sua visita a Kisingani, nello Zaire, in Africa, un corrispondente di *Newsweek* ha scosso tristemente la testa per il modo in cui il capo della Chiesa romana ha rinunciato alle formalità. Nel caldo umido, e quasi subito dopo essere sceso dall'aereo, è stato visto "sorridere, sudare, ondeggiare e ballare con delle ragazze". È stato fotografato mentre guardava un gruppo di ragazze adolescenti vestite con abiti che arrivavano ben sopra il ginocchio, eseguire una serie di danze acrobatiche. Recentemente è stata diffusa un'altra foto in cui, a Castelgandolfo, osserva una giovane ballerina che si contorce davanti a lui, con la testa e il viso quasi nascosti da un turbinio di biancheria intima.

Una pièce teatrale scritta da Wojtyla, *La bottega dell'orafo*, è stata prodotta al Westminster Theatre nel maggio 1982. Descritta come scritta in prosa pomposa, il produttore sperava che la pièce "attirasse il pubblico" oltre che i fedeli.

La sua speranza potrebbe benissimo realizzarsi, dato che l'opera teatrale, sempre secondo *il Daily Telegraph* (28 aprile 1982), "affronta il tema improbabile della prostituzione".[30]

---

[30] I critici teatrali inglesi non hanno esattamente accolto con favore gli sforzi del Papa come drammaturgo-Editore.

3.

Non è necessario che Giovanni Paolo II approfondisca le differenze all'interno della Chiesa derivanti dal Concilio Vaticano II. Si dice che stia camminando con una rosa in mano, almeno fino a quando non saranno consolidati i primi risultati ottenuti da Giovanni XXIII e Paolo VI. L'orgogliosa affermazione relativa all'unica vera Chiesa si è ridotta a un debole riconoscimento dell'"era ecumenica". La pretesa di autorità papale, che ha ceduto il posto all'idea di condivisione del potere con i vescovi, potrà rimanere ancora per qualche tempo nei libri dello statuto della Chiesa, ma la forza della sua origine divina è stata indebolita; e gli altari, da sempre segno di "qualsiasi dio ci sia", sono stati demoliti.

Ciononostante, la fase successiva dell'attacco alla Chiesa, dall'interno, ha superato la fase preparatoria ed è già in corso. Probabilmente sarà meno spettacolare delle precedenti devastazioni. La parola "revisionista" sarà sentita più spesso di "cambiamento". Le chiese non saranno più utilizzate come luoghi di divertimento amoroso. Tuttavia, ciò che probabilmente risulterà dagli incontri in Vaticano, nella Sala del Sinodo tra più di settanta cardinali e vescovi, sarà probabilmente, a lungo termine, altrettanto devastante quanto le innovazioni che sono state ormai accettate come norme da un pubblico in gran parte poco attento e acritico.

Tra gli argomenti che si sa essere stati discussi figurano il matrimonio e l'aborto; e prelati come il cardinale Felici sono abbastanza razionali da ammettere che tali questioni, e altre simili, sono state praticamente decise in anticipo. L'annullamento del matrimonio, privato di gran parte della sua formalità precedente, sarà reso più facile. La minaccia di scomunica sarà revocata alle donne che ricorrono all'aborto e, a ulteriore garanzia di concessioni ancora più importanti e vitali, gli articoli del Codice di Diritto Canonico saranno ridotti da 2.414 a 1.728.

Ma queste considerazioni non peseranno molto su coloro che saranno probabilmente impressionati dalla visita del Papa in questo Paese nel maggio di quest'anno, il 1982. Il potere dell'International Management Group di Mark McCormack è stato invocato per fornire al Papa la stessa pubblicità che ha saputo garantire a golfisti, giocatori di baseball e tennisti, mentre una società di consulenti aziendali, la Papal Visits Limited, aggiungerà ulteriore sostegno promozionale.

Il comprovato istinto drammatico di Giovanni Paolo II entrerà senza dubbio in gioco quando, distribuendo benedizioni da un veicolo con tetto di vetro, percorrerà lentamente chilometri di recinzioni, tribune, tendoni e piattaforme per la stampa, su un tappeto decorato con migliaia di piante, fino a raggiungere tre croci, la più alta delle quali, alta quaranta metri, no, signor McCormack, il Calvario non era così, che si ergono sopra una struttura di acciaio e tela.

Dopo la messa, i fedeli potranno portare a casa un cacciavite con un adesivo raffigurante il volto del Papa sul manico. Tutti i preparativi per la visita saranno affidati alle capaci mani dell'arcivescovo Marcinkus, che è stato evidentemente ripulito dalla reputazione alquanto dubbia che lo accompagnava a Roma.

Appendice

La strana morte di Roberto Calvi

Sulla scia dello sconvolgimento causato dal crollo dell'impero finanziario di Michele Sindona e dalle rivelazioni riguardanti l'appartenenza alla loggia massonica Propaganda 2, Rito Orientale, il Vaticano ha dovuto affrontare un terzo imbarazzo quando, il 18 giugno 1982, il corpo del banchiere Roberto Calvi è stato trovato impiccato a un'impalcatura sotto il Blackfriars Bridge.

Calvi era stato presidente della più grande banca privata italiana, l'Ambrosiano, che aveva rilevato molti dei beni di Sindona. Conosciuto talvolta come "il banchiere di Dio" per i suoi stretti legami con le finanze vaticane (la banca vaticana era uno dei principali azionisti dell'Ambrosiano), nel maggio dello stesso anno era stato accusato di diversi reati, tra cui operazioni valutarie illegali.

Scomparve da Roma e arrivò a Londra, dove alloggiò al Chelsea Cloisters, il 15 giugno. Era un uomo spaventato, oppresso dai segreti legati a se stesso e alla banca vaticana, su cui non era saggio indagare troppo a fondo. Alcuni di coloro che ci avevano provato erano stati improvvisamente licenziati dai loro incarichi, altri erano finiti in prigione con accuse false e c'era stato almeno un caso noto di omicidio durante le indagini.

Durante l'assenza di Calvi, la sua segretaria, che lavorava nella banca da trent'anni, scrisse un biglietto in cui malediceva Calvi e poi, secondo quanto riferito dalle autorità, si gettò dal quarto piano della sede della banca a Milano.

A Londra Calvi trattava il suo autista come una guardia del corpo. Si era accordato con un amico che chiamasse a intervalli regolari al suo appartamento e poi bussasse tre volte per entrare. Si era anche rasato i baffi, che portava da anni.

Ma nonostante fosse restio a lasciare il suo appartamento, Calvi, secondo quanto si diceva, aveva comunque camminato per quattro miglia durante la notte o nelle prime ore del mattino per suicidarsi in una zona improbabile come Blackfriars.

Il riferimento a quella zona merita un commento, insieme al ricordo che le società segrete attribuiscono grande importanza all'associazione e ai simboli. Blackfriars era la sede del convento e della chiesa dell'Ordine Domenicano, i cui membri acquisirono il nome di Black Friars (Frati Neri) a causa del loro abito. Erano, e sono tuttora, conosciuti come l'Ordine dei Predicatori. In quanto tali, introdussero l'uso del pulpito, che figura nella pietra del Blackfriars Bridge. I membri della loggia P2, di cui Calvi era membro con il numero 0519, indossavano abiti da frati neri con tunica bianca, mantello nero e cappuccio per le loro riunioni rituali.

Una *giuria* d'inchiesta, sostenuta da Scotland Yard, stabilì che Calvi si era suicidato, un verdetto che suscitò perplessità e sorrisi increduli tra i suoi parenti, la stampa italiana e la polizia. Ciò perché implicava che Calvi, che aveva sessantadue anni, avesse dato prova della destrezza di un giovane atletico nel cercare, come affermò il pubblico ministero di Roma, un modo complicato per togliersi la vita.

Al buio, su un terreno completamente sconosciuto, si era riempito le tasche di detriti, aveva superato una lunga scala e assi bagnate con un vuoto di alcuni metri tra loro, aveva afferrato un pezzo di corda fradicia, ne aveva legato un'estremità al collo e l'altra a un pezzo di impalcatura, e si era lanciato nel vuoto. Perché prendersi tanto disturbo, quando tra i suoi effetti personali sono state trovate siringhe mediche, sette scatole di compresse e 170 pillole di vario tipo, molte delle quali avrebbero potuto facilitare il compito?

Ma anche in questo caso entra in gioco l'oscura, bizzarra e sinistra influenza della P2 e di altre società segrete. L'iniziazione di un candidato all'arte spesso prevede il giuramento di non rivelare nessuno dei suoi segreti. Se avesse trasgredito, avrebbe subito una morte violenta e sarebbe stato sepolto vicino all'acqua, a un livello basso, alla portata della marea: secondo la credenza, questo avrebbe impedito al suo fantasma di camminare, cosa che avrebbe potuto mettere in imbarazzo i suoi assassini.

Questo varrebbe anche per Calvi, che con ogni probabilità era stato strangolato prima di essere portato a Blackfriars, per assicurarsi che i pericolosi segreti in suo possesso non venissero divulgati. Infatti, dopo il suo misterioso e maldestro "suicidio", prima che il suo corpo fosse tirato giù, la marea del Tamigi gli copriva i piedi.

Nulla suggerisce che Calvi avesse offeso i suoi confratelli massoni. Ma era sotto pressione legale e molti temevano che potesse venire alla luce la sua vasta rete finanziaria. Il Vaticano, sin dallo scandalo Sindona, era in guardia contro ulteriori rivelazioni e quando le attività della P2 furono rese pubbliche, prese una misura sorprendente e apparentemente inutile. La Congregazione per la Dottrina della Fede ricordò ai cattolici che, secondo l'articolo 2335 del Codice di Diritto Canonico, era loro vietato, sotto pena di scomunica, diventare massoni.

Si trattava solo di un esercizio ironico per mettere a tacere gli interrogativi, poiché, come i lettori di queste pagine sanno, alcuni dei principali prelati del Vaticano erano massoni di lungo corso. Ma la mossa rifletteva l'allarme che si avvertiva in Vaticano. Due cardinali, Guerri e Caprio, avevano lavorato a stretto contatto con Sindona, la cui caduta aveva portato alla luce la P2 e i suoi affari loschi. Un membro di spicco della loggia, Umberto Ortolani, era noto per i suoi stretti legami con il Vaticano.

Ma il nome più significativo emerso dallo scandalo è stato quello dell'arcivescovo Marcinkus, tra i cui numerosi legami non riconosciuti figuravano quelli con ambienti mafiosi e con Licio Gelli, ex gran maestro della P2. Ma, cosa ancora più rilevante, era anche presidente della banca vaticana, la banca più segreta ed esclusiva al mondo.

Marcinkus era stato anche amico e socio in affari di Calvi e, dopo aver affermato che "Calvi ha la nostra fiducia", lo dimostrò rilasciando una garanzia, a nome della banca vaticana, a copertura di alcune delle ingenti operazioni di prestito di Calvi, che ammontavano a molti milioni di , nell'ambito di un vasto programma monetario che includeva accordi internazionali di vendita di armi.

Ma quando la tempesta si fece più forte, Marcinkus ritirò la sua garanzia, anche se a quel punto erano emerse prove sufficienti per ritenere che tra la banca vaticana e il Banco Ambrosiano fossero intercorse relazioni commerciali più che normali.

Il ministro del Tesoro, Andreatta, chiese al Vaticano di uscire allo scoperto e ammettere il proprio ruolo nella crisi che stava scuotendo il mondo finanziario. Si chiese anche che Marcinkus fosse interrogato, mentre si facevano pressioni sul Papa affinché lo licenziasse. Ma Marcinkus conosceva troppo bene i segreti bancari del Vaticano perché il Papa potesse rischiare di scontrarsi con lui. Inoltre, era stato nominato presidente dell'influente Commissione dei Cardinali ed era quindi sulla buona strada per diventare un principe della Chiesa, una prospettiva che lo rendeva indisponibile per contatti scomodi.

Quando i commissari si recarono in Vaticano per chiedere informazioni sulla banca e sui rapporti di Calvi con essa, Marcinkus "non era in casa". E quando le citazioni in giudizio (che implicavano che i destinatari fossero soggetti a interrogatorio) indirizzate a Marcinkus e a due dei suoi collaboratori bancari ecclesiastici furono inviate per posta raccomandata al Vaticano, la busta fu restituita senza essere stata aperta.

Un'ammissione piuttosto riluttante che il Vaticano potesse essere in parte responsabile del fallimento della banca Calvi è stata fatta questo mese (agosto 1982) dal cardinale Casaroli. Nel frattempo, il controverso arcivescovo Marcinkus, nel suo ufficio a pochi passi dall'appartamento del Papa, potrebbe talvolta esaminare il bilancio della banca del suo defunto collega e riflettere sulle parole con cui tali rendiconti si concludevano: "Grazie a Dio!".

Finale

"Siete una brutta gente, una marmaglia, come gli uomini viventi".

Così mi accolse un prete irlandese in una fresca mattina di aprile. Aveva letto gran parte di ciò che ho scritto qui in un manoscritto e, pur non potendolo confutare, pensava che stessi rendendo un pessimo servizio alla Chiesa. Era un uomo grande e grosso, con le spalle larghe, gli occhi tristi e un bastone nodoso che brandiva come se fosse un bastone da passeggio.

Eravamo in piedi all'ombra di San Pietro, mentre le persiane del palazzo erano ancora chiuse e solo qualche passo isolato risuonava sulla piazza. Il suo accenno di minaccia scherzosa contrastava con la serenità dei *miei* sentimenti.

Perché non c'è niente di più dorato al mondo dell'alba romana. La polvere d'oro, che illumina il passato più che il presente, filtra nell'aria e si posa, come un tocco esitante, sulla facciata di Maderna con le sue audaci lettere romane, trasformando le sue tinte marroni e ocra in oro. I granelli di polvere, dove li colpisce la prima luce, si trasformano in oro che sfiora la base dell'obelisco di Caligola e si rifrange in tutto il suo splendore sui ciottoli, sulle statue dei santi del colonnato e sulla cupola che gradualmente si tinge di bianco; sullo spazio antistante la basilica circondata dalle gigantesche colonne del Bernini, come un tempo le legioni circondavano le lance levate in segno di invidia verso il Gonnifero romano; l'acqua delle fontane, ogni volta che una brezza la increspa, cade in gocce d'oro.

L'angolo del bastone mi invitava a guardare oltre il colle Vaticano. "È così che sorgerà l'alba, sulla città, sulla Chiesa. Non ci credi?"

Annuii solo a metà.

"Quello che hai scritto passerà, come una vacanza o una febbre lenta. Ma la promessa che è stata fatta a Pietro" - e indicò la figura centrale del colonnato - "non passerà. Non può passare. La fessura nella Roccia sarà chiusa. L'alba tornerà. Non ci credi?"

"Sì", concordai, forse influenzato dai suoi occhi tristi e dall'oscillare del suo bastone. "L'alba tornerà".

Ma sarà un'alba falsa?

Bibliografia

Benson, Mgr. R. H., *Lord of the World* (Pitman, *1907*).

Blazynski, G., *Papa Giovanni Paolo II* (Weidenfeld and Nicolson, *1979*).

Carpi, Pierre, *Les prophéties du Pape Jean XXIII* (Jean Claude Lattes, *1976*).

Casini, Tito, *L'ultima messa di Paolo VI* (Instituto Editoriale Italiano, *1971*).

Cotter, John, *A Study in Syncretism* (Canadian Intelligence Publications, Ontario, *1980*).

Cristiani, Mons. L., *Satana nel mondo moderno* (Barrie and Rockliff, *1961*).

Crowley, Aleister, *Confessioni* (Bantam Books, U.S.A., *1971*).

Dem, Marc, *Il faut que Rome soit détruite* (Albin Michel, Parigi, *1980*).

Disraeli, Benjamin, *Lothair* (Longmans Green, *1877*).

Eppstein, John, *La Chiesa cattolica è impazzita?* (Stacey, *1971*).

Fahey, Fr. Denis, *Il corpo mistico di Cristo nel mondo moderno* (Regina Publications, *1972*).

Fahey, Fr. Denis, *Il corpo mistico di Cristo e la riorganizzazione della società* (Regina Publications, *1978*).

Gearon, P. J., *Il grano e la zizzania* (Britons Publishing Co., *1969*).

Kolberg, Theodor, *Der Betrug des Jahrhunderts* (Monaco, *1977*).

Laver, James, *Il primo decadente. J. K. Huysmans* (Faber, *1964*).

Levinson, Charles, *Vodka-Cola* (Gordon and Cremonesi, U.S.A., *1979*).

Martin, Malachi, *Il conclave finale* (Melbourne House, *1978*).

Martinez, Mary, *From Rome Urgently* (Statimari, Roma, *1979*).

Mellor, Alec, *I nostri fratelli separati* (Harrap, *1964*).

Miller, *Fulop, Il potere e il segreto dei gesuiti* (Owen, *1967*).

O'Mahoney, T. P., *Il nuovo papa. Giovanni Paolo I* (Villa Books, Dublino, *1978*).

Oram, James, *Il papa del popolo* (Bay Books, Sydney, *1979*).

Pinay, Maurice, *The Plot against the Church* (St. Anthony Press, *1967*).

Queensborough, Lady, *Occult Theocracy* (British-American Press, *1931*).

Rhodes, Henry, *La messa satanica* (Rider, *1954*).

Smith, Bernard, *Il Vangelo fraudolento* (Foreign Affairs Publishing Co., *1977*).

Stoddart, Christina, *Portatori di luce nell'oscurità* (Boswell, *1930*).

Stoddart, Christina, *Trail of the Serpent* (Boswell, *1936*).

Symonds, John, *La grande bestia. La vita e la magia di Aleister Crowley* (Mayflower, *1973*).

Thierry, Jean Jacques, *Lettres de Rome sur le singulier trépas de Jean-Paul I* (Pierre Belfond, Parigi, 1981).

Virebeau, Georges, *Prelats et Francs-magons* (Henri Coston, Parigi, 1978).

Webb, James, *The Flight from Reason* (Macdonald, 1971).

Webster, Nesta, *Secret Societies and subversive movements* (Christian Book Club, http://ca.geocities.com/nt_351/webster/webster_index.html).

Williamson, Hugh Ross, *The Great Betrayal* (Tan Books, 1970).

Williamson, Hugh Ross, *La messa moderna* (Tan Books, 1971).

Wiltgen, Fr. R. M., *Il Reno scorre nel Tevere* (Augustine Press, 1979).

Altri titoli

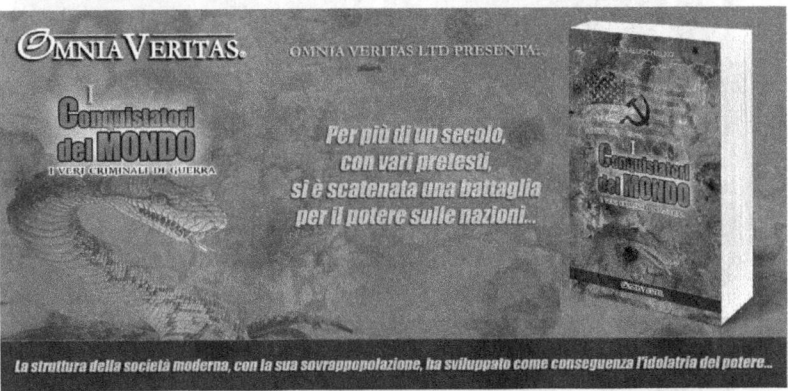

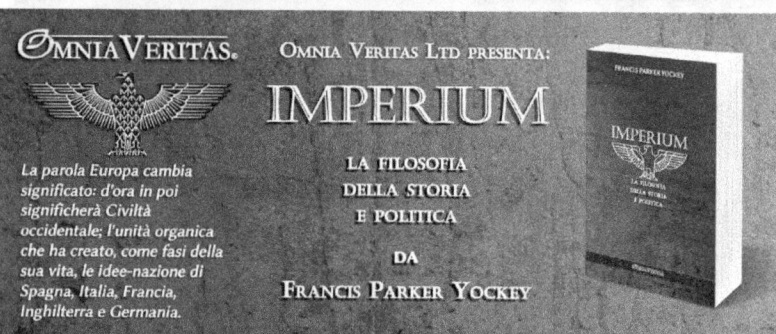

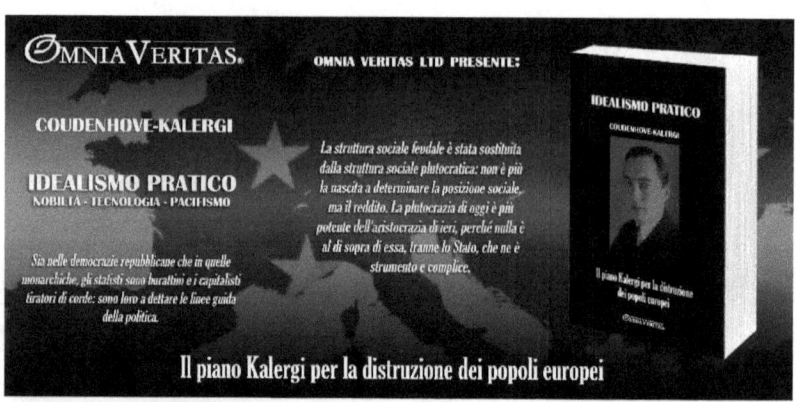

www.ingramcontent.com/pod-product-compliance
Lightning Source LLC
Chambersburg PA
CBHW050136170426
43197CB00011B/1857